행복의 강

감성작가 최원현의 맑은 숨결 에세이

행복의 강

북 나비

그대 가슴의 별처럼

친구여, 지난밤엔 놀랍게도 귀뚜라미 소릴 들었다네. 칠흑같이 어두운 밤하늘에 빛나는 점으로 박혀있는 별들도 보고 모처럼, 아주 오랜만에 자네 덕에 시리도록 맑은 밤바람도 쐬며 자연自然한 밤을 맞았다네.

그렇게 막 잠이 들려는데 글쎄 그 짙은 고요와 어둠을 뚫고 들려오던 귀뚜라미 소리. 하마터면 잊어질 수도 있을 그렇게 하찮을 수도 있는 그 소리를 얼마나 반갑게 들었는지 아는가.

창문을 열고 밖으로 나갔네. 아까까지도 있던 별 몇 개가 보이질 않았네. 그게 그렇게 서운하고 안타까웠네. 세상에 내 것인 게 어디 있겠냐만 내 것인 양 욕심내어 안고 살던 것들이네.

친구여, 가슴 활짝 열고 큰 호흡으로 맑은 숨 한 번 쉬어보고 싶네. 솔내 물내 흙내 듬뿍 묻은 자연한 바람 들이쉬며 그대가 사는 이곳에서 마냥 나도 그렇게 살아보고 싶네.

산다는 건 숨 쉬는 것이 가장 큰 일이거늘 어찌하여 그건 무시하는지. 커다란 가마솥 가득한 하얀 쌀밥에 먹음직스레 섞여있는 강낭콩 같은 까만 하늘 속 빛나는 별 두 개만 뽑아다 자네와 내 가슴에 하나씩 달아보세. 그럼 사람들도 우리 따라 그리 하지 않겠나.

여기 맑은 숨결의 내 마음 글 몇 편을 자네와 마음 맑고 눈 맑고 귀 맑은 자네 세상의 친구들과 나누고 싶네. 풀잎 끝에 맺혔다가 햇살 따라 하늘 여행길 오르는 아침 이슬방울 보내듯 맑고 곱게 그리 나눠 주게나.

고맙네. 사랑하네.

자넨 내 가슴에서 빛나는 가장 아름다운 별이라네. 그대 가슴에서 사는 별처럼 내 가슴에도 그런 별을 키우고 싶네.

2008년 가을 한 날.

늘샘 최원현

감성작가 최원현의 맑은 숨결 에세이

행복의 강

누구에게나 가슴속으로 행복의 강이 하나씩 흐르고 있다

자전거를 타며

자전거를 탄다. 힘차게 페달을 밟아 바람을 가르며 달린다. 두 개의 바퀴에 몸을 싣고 이렇게 달릴 수 있다는 것이 신기하다. 넘어질 듯 하면서도 넘어지지 않고 달리는 자전거, 어찌 보면 대단히 불안한 탈 것이 아닌가. 그러나 사람들은 이 두 개의 바퀴로도 잘도 속도를 즐긴다. 거기다 몇 단의 기어까지 있어 웬만한 오르막도 큰 어려

내 삶을 가게 하는 두 개의 바퀴는 무엇일까, 페달은 무엇일까, 나를 앉히고 있는 안장은 또 무엇일까. 자전거를 탄다. 내 삶의 바퀴를 열심히 굴린다. 발, 손, 눈이 하나가 되어야 하는 자전거 타기에서 내 삶을 다시 챙겨본다.

10

움 없이 오를 수 있다.

자전거 타기는 인생 살기와 닮은 것 같다. 무엇보다 얼마큼은 앞을 멀리 봐야 한다. 너무 가까이만 보면 오히려 넘어지기 쉽다. 시야가 좁아져서 정작 가고자 하는 방향도 잡기 어려워 가야 할 길을 예측하기 어렵다. 그러나 멀리 앞을 내다보면 우선 안정감이 생기고 가야 할 길도 확실히 감 잡을 수 있어 방향 예측도 할 수 있다. 두 손으로 핸들을 잡지만 때로는 한 손만으로도 가야 할 때가 있다. 흘리는 땀도 닦아야 하고 경적도 울려야 하고 그런가 하면 오르막은 오르막대로 내리막은 내리막대로 잘 조절하여 브레이크를 풀거나 잡거나 하며 가야 한다. 오르막이라고 지레 겁을 먹거나 내리막이라고 만만히 보면 큰일을 당할 수 있다. 인생의 오르막과 내리막도 자전거 타기와 같다. 어느 쪽이건 쉬울 수 없다. 위험이 따르기 마련이다.

지금 이 자전거는 딸아이에게 내가 선물했다. 언젠가 인기절정이던 드라마에서 송혜교가 타던 자전거와 같은 것이다. 아이가 갖고 싶어 하는 것 같아 같은 색깔로 사주었는데 오래 방치하다 보니 타이어가 삭았다 해서 타이어만 새로 교체했다.

자전거를 타고가면 좌우 경치를 보는 것과도 보조를 맞추기가 좋다. 삶은 보조 맞추기다. 때로는 조금 느리게, 더러는 조금 빠르게, 그러고 보면 자전거 정도가 내게는 딱 맞는 것 같다.

내 삶을 가게 하는 두 개의 바퀴는 무엇일까, 페달은 무엇일까, 나를 앉히고 있는 안장은 또 무엇일까.

자전거를 탄다. 내 삶의 바퀴를 열심히 굴린다. 발, 손, 눈이 하나가 되어야 하는 자전거 타기에서 내 삶을 다시 챙겨본다.

가을빛 겨울빛

나는 지금 가을빛과 겨울빛을 함께 받고 있다. 초추의 양광이 보듬듯이 대지에 내리던 날 우리는 풍성한 계절의 보은에 보람과 기쁨으로 한껏 환호했었다. 그러나 이제 초겨울의 여린 빛을 좇아 따스함을 사랑하고 있다.

기차 안에서 계절의 바뀜을 본다. 가을걷이가 끝난 들녘은 허허롭지만 벼를 베어낸 자리에선 새 움이 돋아나 생명력을 느끼게 한다. 동그마니 벌판에 남아있던 볏짚들의 마지막 가을 햇볕 바라기가 한가롭다.

아직도 자리를 지키고 있는 무와 배추들, 잎이 몇 개만 붙어있는 나무들, 여직 황금빛 열매를 달고 서있는 감나무, 가끔가다 보이는 까치집, 가을은 가다 말고 투정을 부리는 것 같고, 겨울은 아주 여유로운 걸음걸이로 서서히 다가오고 있는 것 같다. 그러고 보니 언덕배기에선 억

새꽃이 하늘거리고, 구름 한 점 없이 맑은 하늘 아래선 저마다의 빛깔들이 자기를 지키고 있는 것 같다.

해마다 이맘쯤 나는 앓곤 했다. 가을과 겨울, 난류와 한류가 만나는 시점에선 내 바이오리듬도 중심을 잃는다. 그러나 정신은 오히려 맑아지는 걸 보면 누군가 겨울나기를 할 수 있나 시험해 보는 듯도 싶다.

아침에 출근하다 보니 어제까지도 싱싱하던 토란잎이 밤새 내린 된서리에 말라 시들어버렸다. 토란이 견딜 수 있었던 한계 온도는 얼마였을까. 그 한계를 못 이기고 저렇게 되어버렸을 것이다. 식물이고 사람이고 삶의 고비가 있기 마련일 텐데 식물은 그 고비를 못 이기지만 그래도 사람은 그걸 이겨내는 것 같다.

나는 지금 가을빛과 겨울빛을 함께 받고 있다. 초추의 양광이 보듬듯이 대지에 내리던 날 우리는 풍성한 계절의 보은에 보람과 기쁨으로 한껏 환호했었다. 그러나 이제 초겨울의 여린 빛을 좇아 따스함을 사랑하고 있다. 그러고 보면 가을빛은 사람을 불러내지만 겨울빛은 안으로 들어가라고 종용하는 것 같다. 허나 가을빛은 가는 빛이고 겨울 빛은 오는 빛이다. 가을에 비하면 차갑고 어두운 빛이지만 마음으로도 몸으로도 받아들여야 한다.

하늘에 하순 달이 허옇게 떠있다. 그래 저 빛이 가을빛 겨울빛의 혼합된 빛일까. 겨울을 맞는 마음이 유난히 조심스러워진다. 길가 은행나무의 남은 저 잎마저 지고나면 세상은 온통 겨울빛이 되고 말 건가. 그런데 나는 새삼스레 이번 겨울 앞에서 왜 이리 떨고 있는가.

시인의 나라

낙엽을 보고 있으면 마음이 이내 쓸쓸해진다. 산과 하늘의 숨결들이 낙엽되어 떨어지는 것만 같다.

삶은 거리란 생각이 든다. 사람과 사람, 나무와 나무 사이의 거리, 그 거리가 바로 바람이 다니는 길이요, 비가 내리는 공간이요, 사랑과 희망이 사는 곳이다.

거리는 서로를 떼어놓는 것이 아니라 서로를 이어주는

다리다. 나와 별, 아침과 저녁을 이어주고, 태어남과 돌아감을 분명히 해 준다. 낙엽은 그런 순리를 확인시켜 준다. 그래서 서럽게도 슬프게도 아쉽게도 하고 안타깝게도 한다. 그래 거리란 늘 안타까움일 수 있다.

낙엽이 땅에 떨어져 흙으로 돌아가는 것은 거리를 가장 좁히는 순간이다. 비로소 하나가 되는 것, 모든 살아있는 것은 이 하나까지 거리를 갖기 마련이다. 그래서 낙엽이 지는 가을은 서러운 가슴들이 안길 수 있는 품이기도 하다. 맘껏 실컷 울어버릴 수 있는 커다란 품, 그러고 나면 아픔도 얼마큼 가시고, 세상의 이치가 깨달아지고, 아쉬움도 많이 사라진다.

낙엽을 보고 있으면 이내 시인이 된다. 가슴에 내려앉는 지난 시간들의 기쁨 슬픔 아픔 행복 평안, 그것들이 하나씩 몸을 추스르며 일어나 시가 된다.

세상은 시가 사는 나라다. 사람들이 용기를 얻고 희망을 얻고 무언가 해야겠다는 의욕을 갖는 것도 시다. 희망

슬픔 속에서 기쁨의 싹을 찾아내고, 절망과 아픔 속에서 감사와 사랑의 씨를 틔우는 시인의 나라, 아픔과 절망과 후회가 더 많은 삶이라면서도 낙엽의 수만큼 저마다의 가슴에서 시를 키운다.

이요 생명이요 꿈으로 사람들은 그렇게 시인이 된다. 낙엽은 생명 있는 모든 것들에게 돌아감의 진리를 명쾌히 알려주면서 살아있음의 기쁨과 소중함을 일깨워 준다. 모두들 시인이 되게 하여 시인의 나라를 만든다.

슬픔 속에서 기쁨의 싹을 찾아내고, 절망과 아픔 속에서 감사와 사랑의 씨를 틔우는 시인의 나라, 아픔과 절망과 후회가 더 많은 삶이라면서도 낙엽의 수만큼 저마다의 가슴에서 시를 키운다. 겨울로 가는 마차를 타고 우리는 희망과 기쁨과 보람의 씨를 품고 시인의 나라에 들어간다.

겨울 강가에서

흐르는 강물 앞에 서면 나도 모르게 마음이 차분해진다. 비로소 가야 할 길을 찾은 것 같은 안도감에 긴 숨을 내쉬게 된다. 강물과 같은 방향으로 따라 걷다보면 어느덧 나도 강물과 하나가 되어 있다. 그런 강물을 보고 있으면 지난 시간도 맞이할 시간도 전혀 문제될 것 같지 않다는 평온함이 가슴 안에 가득 찬다.

흐른다는 것은 무엇인가. 살아있음인가 죽어있음인가. 살아있다면 강물은 스스로의 힘으로 어디론가 가고 있는 것일까. 스스로의 의지로 목적지를 향하고 있음일까. 그러나 강물은 그저 흐름에 맡길 뿐 자기를 고집하지 않는다. 흐른다는 것은 지극히 자연함이요, 질서요, 순응일 것이다.

요즘 세상 돌아가는 것을 가만히 보고 있노라면 흐르지 못하는 강을 보는 것 같다. 계속 물이 불면 어디론가 생각잖은 곳으로 넘쳐 버리거나 어딘가가 터져버릴 것이라는 불안을 떨쳐버릴 수가 없다. 막힘투성이, 막힘은 부자연함이요 반 질서요 거역이다. 내재된 아픔이나 슬픔이

돌출구를 찾지 못한 채 감금된 상태이다. 무엇을 어찌해야 할 것인지 방향을 찾지 못함이다.

삶은 흐르는 강물 같은 유연함과 질서를 가질 때 가장 아름다울 수 있을 것이다. 겨울강가, 잎을 떨쳐버린 나무들이 흐르는 강물을 내려다보고 있는 겨울 강가에서 나는 세상의 모든 것은 하나같이 흘러가고 있다는 사실에 동의한다. 그런데 사람들만은 그렇게 흘러가는 것이 아니라 스스로 가고 있다고 생각하는 것이 아닐까. 그래서 자기 마음대로 뜻한 대로 가고 싶은 곳으로 갈 수 있다고 생각들을 하나보다. 하지만 순리를 따라 흘러가는 강물을 보고 있노라면 슬며시 나도 무언가 잘못하고 있음을 깨닫고 만다. 자연스럽지 못한, 순리에서 벗어나 있는 나를 본다. 그래서일까. 겨울 강가에 서서 흐르지도 못하고 발이 묶여 있는 나를 본다.

만남 그리고 헤어짐

12월은 유난히 행사가 많은 달이다. 그러다 보니 자연 만나게 되는 사람들도 많게 된다. 너무들 바빠 쉽게 만날 수 없었던 사이들이다. 그래서 오랜만의 이런 만남은 더 더욱 반갑고 그만큼 하고 싶은 말들도 많다.

문학 행사가 있었다. 외국에 계신 분들까지 참석을 했다. 그런데 그냥 헤어지기가 아쉬운지 몇이 자연스럽게 다시 모였다. 날이 새면 떠나야 할 고국, 고국에서보다 떠나 산 세월이 더 많은 사람들, 그들은 고국을 떠나 사는 삶이란 집과 직장과 시장, 세 곳만을 오가는 삶이라고 말했다. 그래서 문학이란 이름으로 서로 모임의 계기가 많은 문인들을 부러워한단다.

얘기를 하다 보니 훌쩍 12시를 넘기고 새벽 1시가 되어 있다. 만남은 헤어짐의 시작, 만나는 순간 이미 헤어짐을 생각해야 하는 게 삶이 아니던가. 그래서일까. 늘 호탕하고 대범해 보이던 K작가가 오늘따라 여린 마음을 보이는 것 같아 마음이 아렸다. 그곳이 고향이 된 줄 알았는데 그래도 고국이 더 좋은가 보다.

12월은 가고 옴, 보내고 맞이함이 함께 사는 때이다. 그래서 만감이 교차한다. 다 벗어버린 나목에 대롱이 매달려 있는 이파리 하나가 나인 것 같기도 하고, 한강 고수부지 바람 찬 나뭇가지에 걸려 나풀대고 있는 찢어진 연이 나인 것 같기도 한 때, 그래서 마음이 슬퍼지고 뭔가에 쫓기듯 조급함으로 가슴이 콩닥대는 때가 바로 이맘때인 것 같다.

K작가에게 메일을 보냈다. 바로 수신확인이 된다. 벌써 도착했음이다. 다시 그쪽 사람들과 부대끼며 삶의 전쟁을 치러야 한다. 즐거운 싸움이란 없지만 싸워야만 하는 것

이고 그렇게 그들의 삶을 얻어내야 한다. 얼마 전까지 함께 웃고 떠들던 그와 우리, 그렇다면 헤어짐은 역시 다시 만남의 기약이 아닐까. 문득 남편 목사의 7주기를 맞으며 "이제 당신을 만나러 갈 날이 한 해 더 가까워졌습니다." 하던 G교수의 고백이 12월의 가슴을 가득 채운다.

지금 우린 무엇에 얼마큼 가까워지고 있을까. 누구와 헤어지고 누구와 다시 만나려 하는가. 새삼 가까이 있는 이들의 소중함을 더욱 절실히 느끼게 된다.

아름다운 들러리

사람을 두 종류로 나눈다면 앞에 나서기를 좋아하는 사람과 그렇지 않은 사람일 것이다. 나선다는 것은 매사에 적극적이고 능동적인 면에서 바람직한 일이지만 그렇다고 모두가 다 그런다면 오히려 큰 혼란이 올 수도 있을 것이다. 그러나 그렇게 나서길 좋아하는 사람보다도 묵묵히 뒤에서 자기 일을 하는 사람이 더 많은 것이 세상이다. 있는 듯 없는 듯 그러면서도 자기 일을 멋지게 해내는 사람들, 세상은 이들이 있기에 이만큼 유지되는 것이리라.

나는 '들러리'란 말을 참 좋아하는데 일상에서는 별로 좋게 사용되지 않는 것 같다. '들러리'란 서양에서는 결혼식에서 신랑 신부가 입장하는 것을 도와주고 신랑 신부의 옆에 서는 사람을 말하지만 우리나라에선 '주된 인물 주변에서 그를 돕는 인물'을 얕잡아 이르는 말로 통용되어 사실 기분 좋게 들리는 말이 아니다. 그러나 이 들러리야말로 아름다운 조연이다. 빛나는 주연을 만들어내는 조연인 것이다. 하지만 우리 사회 아니 대개의 경우 주연

만을 원하지 조연을 원하지는 않는다. 주연만을 하고 싶어 한다. 그러나 정작 삶의 맛을 느끼게 하는 것은 조연이 아닐까.

축구경기를 보면서 그런 생각을 많이 했다. 득점을 하는 선수에게 쏟아지는 열광적인 환호에는 가장 값진 어시스트로 기회를 만들어준 수훈자가 있음을 잊는다는 것이다. 결과만 중시하고 과정을 무시해 버린다면 조연의 가치는 살아남지 못할 것이다. 아름다운 성공 뒤에는 헌

신적인 뒷받침이 있었던 것을 많이 보면서도 그걸 자꾸 잊게 되는 것이다. 훌륭한 작품이 만들어지는 것은 훌륭한 작가가 있었기 때문이듯 그건 작품을 만들어내는 작가의 공이지 작품의 공은 아니잖는가. 그러나 나 역시 누군가의 들러리나 하라고 하면 좋아하진 않을 것이다. 빛도 없이 소리도 없이 누군가를 위해 자기를 희생한다는 것이 어디 쉬운 일인가. 그러니 들러리를 즐겨하고 들러리에 만족하는 사람이 많아질 때 사회도 모임도 건강하고 건실해지는 것이 아닐까. 그런 면에서 나는 언제쯤이나 성숙한 내 모습을 찾을 수 있을까.

사랑 리모델링

부부로 30년 넘게 잘 살아왔지만 문득 남은 삶을 위해선 오래된 건물 건사하듯 무언가 보수가 필요하단 생각이 들었다.

지은 지 20년이 넘은 아파트에 살면서 재건축이라는 뜨거운 감자를 들고 속을 태우고 있는데 인접한 이웃 아파트들의 전반적인 재건축으로 소음, 일조권 등 침해도 문제지만 내가 사는 아파트의 재건축을 아니 할 수도 없다.

거기다 모두 헐고 재건축 하는 것을 당연하게 생각했었는데 정부의 각종 규제로 실익이 줄어든다는 계산에 리모델링도 검토해 봐야 할 형편이다.

건물도 20년이 넘으면 안전진단을 받고 재건축이나 리모델링을 해야 하듯 파란 많은 삶을 겪고 예측 못 할 더 많은 변화들을 감당해야 할 삶이니 분명 점검과 수정과 보완이 필요할 거란 생각이다.

부부관계는 '칼로 물 베기'란 말도 있듯 쉽게 끊어지는 게 아니라 했지만 이혼율이 놀랄 만큼 급증하고 있고, 수십 년을 같이 살아온 노부부들까지도 황혼 이혼을 하는 판이니 분명히 문제는 있는 것이다.

삶의 기본은 부부관계일 것이다. 부부사랑이 돈독하면 가족간의 사랑과 화목이 단단하고 그들이 나아가 사는 사회도 그런 분위기가 될 것이다. 그러나 부부관계가 소원하면 다른 모든 관계에도 영향을 미치게 된다.

재건축으로 골머리를 앓으면서 사실은 그보다 더 많이 생각하고 관심을 가져야 할 것이 부부관계란 생각을 하게 된다.

아름다운 삶, 행복한 삶, 보람된 삶, 모든 삶의 성공은 부부사랑이 어떤가에 달려있을 것 같다. 오래 되었을수록 처음 사랑을 회복할 수 있는 이벤트도 갖고 변화에도 슬기롭게 대처하며 발전적으로 새로워져 갈 수 있도록 사랑도 리모델링이 필요할 것이다.

변화를 수용하고 적응하는 것도 중요하지만 주도하고 만들어가는 힘 또한 사랑일 것 같다. 겨울이 지나면 새싹이 돋아나듯 사랑도 중간 점검과 리모델링이 필요하리라.

겨울이 지나면 새싹이 돋아나듯 사랑도 중간 점검과 리모델링이 필요하리라.

두물머리에선

두물머리엘 갔다. 북한강과 남한강이 만나는 곳, 두 물줄이 합해져 하나가 되는 두물머리에 갔다. 아직 얼음이 남아있는 강, 사람들은 물이 만나는 걸 보러 왔다 얼음이 되어 포옹하고 있는 모습을 보고 있었다.

갑자기 찡 하고 얼음장 깨지는 소리가 났다. 얼어있던 얼음이 햇살을 받자 부피의 팽창을 못 이겨 금이 가나

보다. 얼음이 깨지는 소리는 겨울이 가는 소리였다. 이미 입춘을 맞아버린 양력 2월의 하늘엔 어느새 봄빛이 감돌고 있다.

겨울이 가면 봄이 온다. 그러나 겨울은 쫓겨가는 것이 아니라 아주 서서히 봄을 부른다. 그리고 자기의 자리를 내어준다. 생로병사의 인간 삶처럼 계절은 아주 조용하고 여유 있게 한 계절을 물리고 새 계절을 맞는다. 평화롭고 자연스런 인수인계가 된다. 두물머리에선 겨울과 봄이 보내고 맞는 행사를 치르고 있었다.

두물머리 마을엔 400살 된 느티나무가 있다. 누가 와도 '잘 왔네!' 하고 반긴다. 키가 하늘에 닿고 허리둘레만도 6미터나 되는 느티할아버지를 뒤로 하고 나무의자에 앉아 강을 바라보고 있노라면 강바람이 한바퀴 돌고 와서 콧속으로 스며든다. 그 바람 속에도 겨울 냄새, 봄 냄새가 섞여 있다.

사람들은 추억 만들기를 좋아한다. 웨딩 촬영의 명소답게 신랑 각시들이 줄을 이어 사진을 찍으러 오는 곳, 사람과 자연의 봄이 함께 시작되는 곳이다. 내게도 이곳을 떠나면 또 하나의 추억이 생겨날 것이다.

추억은 흔적, 생의 발자국이다. 두물머리, 남한강과 북한강이 만나 하나의 한강을 이루는 곳, 그곳에서 지금 겨울이 가고 봄이 오는 소리를 듣고 있다. 자연이 주는 맑은 가르침을 듣는다. 가고 오는 아름다운 질서 앞에서 어떻게 살아야 할 것인가 스스로를 추스르게 한다. 있어야 할 때와 가야 할 때를 아는 분수를 배운다.

두물머리에선 겨울을 보내고 봄을 맞는 아름다운 예식이 치러지고 있었다.

한 잔의 커피 같은

여름은 왕성한 생명력의 계절이건만 사람들은 더 많이 지치곤 한다. 더위를 핑계 대지만 실은 몸과 마음이 지쳐있기 때문일 것 같다. 북적대는 사람들 틈에서 혼자임을 느끼는 것도 삶이 힘들어서일 것이다. 거기다 다들 얼마나 바쁜가. 그러다보니 좀처럼 마음의 여유를 가질 수 없다. 힘이 들어도 지친 어깨를 기댈만한 곳이 없고 따스한 한 마디 위로와 격려가 늘 아쉽다.

누구 없을까.

'그래 그래.' 하며 내 답답한 속내를 드러내는 말에 조용히 맞장구쳐 주고, 마음에 없는 투정을 부려도 빙긋 웃어주는 그런 누군가 없을까.

사람은 칭찬받고 싶고, 위로받고 싶은 두 가지 본능을 가지고 있다 한다. 그건 나이가 들어도 마찬가지일 것 같다. 오히려 나이가 들면 더 여려지는지 그런데 더 신경을 쓰게 된다. 대수롭지 않은 말에 쉽게 마음을 상하는가 하면 하찮은 일에도 버럭 화를 낸다. 그럴 때면 문득 뜨거운 한 잔의 차가 생각난다. 뜨거움을 다스리며 한 모금의 차를 속 깊이로 내려 보내면 스르르 마음이 가라앉는다. 지쳤을 때도 뜨거운 차 한 잔은 큰 힘이 된다. 백 마디의 위로보다도 더 절실하게 가슴을 타고 흐르는 위로가 된다.

차 한 잔의 행복, 사람들은 그렇게 스스로를 갈무리하며 산다.

늘 내 곁에
뜨거운 고통을
매혹의 향기로 뿜어내는
한 잔의 커피 같은
그대가 있습니다

펄펄 끓는 물에
형체도 없이 녹아져서
한 잔의 커피가 만들어지듯

그대는 아름다운 사랑을 위하여
모든 것을 버립니다

살아가는 것이
힘들고 지칠 때에
한 잔의 커피를 마시듯
그대의 위로를 마시면
새 힘이 넘칩니다

—손희락의 <한 잔의 커피 같은 그대> 중

햇살이 따가운 날에도 그늘이 되어줄 수 있는 한 잔 차 같은 이름 하나씩을 찾아보면 어떨까. 어떤 이름은 빙긋이 미소가 돌게 하고, 어떤 이름은 그냥 마음까지 든든케 해 주고, 어떤 이름은 생각만 해도 가슴이 설레는 그런 이름 하나씩 떠올려보면 가슴엔 뜨거운 차 한 잔 같은 여유와 사랑 그리고 평안이 흐르지 않을까.

누구에겐가 한 잔의 커피 같은 사람이 되고 싶다. 그런데 알 수 없는 후회가 뜨겁게 목울대를 타고 흐른다. 급히 넘긴 한 모금의 커피처럼.

할머니의 봄맞이

할머니에겐 씨를 뿌리고 거두는 즐거움이 있겠지만 나는 그걸 바라보는 것만으로도 큰 즐거움이 된다. 자기 일을 통해서도 남에게 이런 즐거움과 기쁨을 준다는 것을 미처 몰랐었다. 삶은 그렇게 열매를 바라는 마음들이 아닐까 싶다. 할머니의 텃밭에서 할머니의 봄맞이를 보며 나는 뒤늦게 삶의 공부를 한다. 봄은 할머니의 부지런한 손놀림과 기다림의 마음으로부터 시작된 것이 아녔을까.

옆집 할머니의 봄맞이는 오는 봄을 기다리는 봄맞이가 아니다. 몇 년째 보아온 터이지만 아파트 앞 뜨락의 빈 터를 이용하여 금년에도 어김없이 무언가 파종을 했다. 두어 평 됨직한 땅을 반은 평평하게 갈아 씨를 뿌리고, 반은 둔덕을 만들어 씨를 뿌린 후 비닐로 덮었다. 아직 싹이 나기 전이라 무슨 씨를 뿌렸는지 알 수는 없다.

오늘 아침에도 출근길에 무엇이 나오고 있나 사알짝 들여다보았는데 싹은 보이지 않았다. 그러니까 더욱 궁금해진다.

문득 나는 이 한 해를 위해 무슨 씨를 뿌렸을까 생각해 본다. 씨뿌리기는 계획의 첫 시행일 것이다. 무슨 씨를 뿌릴 것인가, 주어진 내 땅을 가장 효율적으로 활용하면서 내가 가진 지식과 능력으로 가장 잘 가꿔낼 수 있는, 그래서 가장 큰 소득을 올릴 수 있는 그런 품종의 선택과 제 때의 씨 뿌림은 한 해 농사의 기본이면서 전부가 될 것이다.

아침 일찍 뒷산을 오르는 것으로 아침 운동을 하고는 아침식사 후 서울 근교의 산에 오른다는 할머니, 그리고는 틈틈이 당신이 마련한 작은 텃밭에 정성들여 농사짓는 할머니를 보며 내 삶을 점검해 보게 된다.

할머니의 농사를 보는 것은 큰 축복이다. 지난해에는 탐스러운 고추가 주렁주렁 매달려 있는 모습을 보는 즐거움을 누렸었고, 들깨, 가지, 배추, 무 등이 자라는 것도 보았다.

이 아침, 이슬에 촉촉하게 젖어있는 흙을 바라보면서 나도 모르게 입가에 미소가 피어나는 것도 지난해의 그런 모습들이 눈앞에 펼쳐져서이고 내일이나 모레쯤이면 여기저기서 '저요 저요!' 하고 앙증맞은 작고 여린 싹들이 다투어 올라올 것 같기 때문이다.

할머니에겐 씨를 뿌리고 거두는 즐거움이 있겠지만 나

는 그걸 바라보는 것만으로도 큰 즐거움이 된다. 자기 일을 통해서도 남에게 이런 즐거움과 기쁨을 준다는 것을 미처 몰랐었다. 삶은 그렇게 열매를 바라는 마음들이 아닐까 싶다. 할머니의 텃밭에서 할머니의 봄맞이를 보며 나는 뒤늦게 삶의 공부를 한다. 봄은 할머니의 부지런한 손놀림과 기다림의 마음으로부터 시작된 것이 아녔을까.

겨울 맛

추억의 계절은 오히려 겨울일 성 싶다. 따스함이 그리워지는 만큼 생각만 해도 따스해 질 자기만의 사연들이 소롯이 생각나는 계절이기 때문이다. 여름이 풀어헤쳐 모두 드러내는 계절이라면 겨울은 꼭꼭 여미고 싸매는 만큼 감춰지는 계절이다. 그래선지 모락모락 김 오르는 군고구마 냄새, 철커덩 붕어빵 기계 돌아눕는 소리까지도 그리워진다.

사람들은 저마다의 가슴속에 자기만의 꿈과 추억을 간직하고 살기 마련이다. 그것이 설혹 남에겐 아주 보잘 것 없고 하찮아 보이는 것일지라도 당자에겐 어떤 것보다 크고 소중한 것들이다. 그것들은 또한 겨울을 가장 인정이 느껴지는 계절이게 한다. 지나버린 아픈 기억들까지 더없이 소중하게 하면서 한 때 함께 고생을 나누던 이들

이 지금은 어디서 어떻게 살고 있을까 궁금하고 걱정이 된다.

거리에 구세군의 자선냄비가 나타나면 저마다 동동걸음이 되면서 발목 덮는 눈길을 헤쳐 가던 맛, 따끈한 오뎅국물 한 모금으로 온몸을 덥히던 그런 추억을 사랑하는 것, 바로 겨울의 맛이 아닐까.

겨울은 나눔의 계절이다. 이웃을 그리고 나보다 어려운 이들을 생각케 하는 계절이다. 내가 입었던 은혜와 도움들도 생각하고 고마움을 되새기는 계절이다. 내가 추워본 만큼 남의 추운 것을 알고, 그래 나보다 더 추워 할 이들을 걱정한다.

연일 이어지는 비정한 보도들이 우리

의 가슴을 슬프게 하고 아프게도 하지만 세상에는 어려움을 극복하고, 절망적 상황을 희망으로 바꿔가는 이들이 더 많음을 본다. 하루밖에 모르는 하루살이처럼 눈앞의 것만 중시하던 내 삶에서도 겨울을 통해 봄이 있음을, 그리고 여름 가을 겨울의 순환이 있음을 새롭게 상기한다.

볏짚가리에 열린 고드름을 따서 입에 넣고, 찐 고구마에 얼음이 서걱대는 시원한 동치미 국물을 곁들이던 배고픈 날의 맛들이 더 오래 남아있는 것도 겨울의 몫이다. 어려운 때를 기억하며 그 때 함께 하던 이들을 생각하며, 나보다 어려운 사람들에게 마음을 나눌 수 있는 작은 여유도 여름 아닌 바로 겨울 맛이 아닐까 싶다. 그래서 여름엔 사랑을 잃는다지만 겨울엔 사랑을 회복한다고 하나보다. 그래 겨울은 겨울답게 매서워야 겨울이다. 그래야 돌아갈 것들이 제대로 돌아간다. 겨울의 매운 맛을 자랑스럽게 즐기고 싶어진다.

비둘기를 위하여

아침 출근길에 만나는 친구가 있다. 작은 창문턱에 몸을 의지하고 밤을 지샌 비둘기 부부다. 옆 아파트 단지

어딘가에 보금자리가 있었나 본데 재건축으로 아파트가 헐리게 되자 찾아낸 곳이 이곳인가 보다. 그 때는 추운 때가 아니었지만 이 추운 겨울을 어찌 보낼지 걱정이다.

사람들은 저마다의 편의와 실익을 위해 변화를 준다지만 비둘기에겐 보금자리를 빼앗기게 된 결과이니 그 억울함을 어디다 하소연 하랴.

청계천 고가도로 철거에 따른 마지막 통행의 날, 비가 추적추적 내리는데 그곳엘 갔었다. 역사 속으로 사라져 버릴 모습을 마지막으로 한 번 더 보고 기억 속에 저장해 두고 싶어서였다. 그래 훗날 누가 묻기라도 하면 '지금 흐르고 있는 청계천은 복개된 도로였었고 그 위로도 고가도로가 있었다.'고 얘기해 주며 그 모습을 떠올릴 수는 있어야지 않겠는가. 황학동 명물인 곱창볶음을 먹으면서 없어질 다리를 쳐다보던 때가 벌써 그립다. 그런데 나는 사라져갈 모습을 기억 속에 담아두고자 갔지만 그곳에서 벌어먹고 살던 상인들은 생존권 보장을 외치고 있었다. 헌데 저 비둘기들도 그 날의 노변상인들처럼 살터를 잃어버린 것이다.

그때가 바로 어제 같은데 지금 청계천에는 맑은 물이 흐르고 있다. 연일 사람들의 발걸음이 끊이지 않고 맑은 물 흘러가는 청계천을 찾고 있다. 고가도로가 철거되던 날

의 암담하던 마음은 간 곳 없다. 그저 맑게 흐르는 물이 좋을 뿐이다.

그러면 지금 내가 저 비둘기를 위해 해 줄 수 있는 것은 무엇일까. 임시로라도 집을 만들어 주어 저들이 안주하게 해 줘야 하는 것일까, 아니면 모질게 쫓아내서라도 저들 스스로 더 나은 곳을 찾게 해야 할 것인가. 그러나 그런 것을 지금 생각한다는 것도 어쩌면 저들을 모욕하는 것이 아닐까. 내가 해 줄 수 있는 방법, 해 줄 일이 있다면 그냥 실행해야 하는 것이 아닐까. 만일 기온이 갑자기 더 떨어져서 저들의 작은 두 몸이 부둥켜 나누는 체온으로 기온을 당하지 못해 얼어 죽기라도 한다면 알량한 내 이해타산은 참으로 악랄한 것이 되지 않겠는가.

사랑과 평화의 새 비둘기는
이제 산도 잃고 사람도 잃고
사랑과 평화의 사상까지
낳지 못하는 쫓기는 새가 되었다.

문득 김광섭 시인의 <성북동 비둘기> 마지막 연이 생각났다. 어쩌면 저들도 힘의 횡포 앞에 희생당하고 있는 것이 아닐까. 그러나 다시 흐르는 청계천을 보며 마음이 흔들린다. 정녕 무엇이 저들에게 도움이 되는 것일까. 아무튼 당장은 저들이 추위를 면하는 것부터 도와주어야 할 것 같다. 차가운 날씨, 내 가슴도 추운데 저들은 더 춥지 않겠는가. 삶의 방정식 하나를 앞에 놓고 오늘도 끙끙거린다.

바람 속에 당신의 목소리가 있고
당신의 숨결이 세상 만물에게 생명을 줍니다.

부끄러움을 위한 기도

하루를 마감하고 잠이 들기 전 그 몇 분 동안 눈을 감은 채 누워 있노라면 참 부끄럽다는 생각이 들곤 한다. 하려고 했던 것, 해야 했던 것, 했음에도 뭔가 불안한 것, 하지 못하고 만 것 등 하루는 늘 후회와 안타까움이기 때문이다.

그런 때 나는 <인디언의 기도>를 떠올린다. 그 기도문을 읊조리다 보면 나의 교만과 방자함과 어리석음들이 스멀스멀 고개를 숙이고 어디론가 도망질을 친다. 가장 낮은 자세로 가장 기본적인 최소한의 것만을 구하는 그들을 통해 어떻게 살아야 할 것인가를 발견하는 셈이다.

바람 속에 당신의 목소리가 있고
당신의 숨결이 세상 만물에게 생명을 줍니다.
나는 당신의 많은 자식들 가운데
작고 힘없는 아이입니다
내게 당신의 힘과 지혜를 주소서
나로 하여금 아름다움 안에서 걷게 하시고
내 두 눈이 오래도록 석양을 바라볼 수 있게 하소서

당신이 만드신 것들을 내 손이 존중하게 하시고
당신의 목소리를 들을 수 있도록 내 귀를 예민하게 하소서
당신이 내 부족 사람들에게 가르쳐준 것들을
나 또한 알게 하시고
당신이 모든 나뭇잎, 모든 돌 등에 감춰둔 교훈들을
나 또한 배우게 하소서

내 형제들보다 더 위대해지기 위해서가 아니라
가장 큰 적인 나 자신과 싸울 수 있도록
내게 힘을 주소서

나로 하여금 깨끗한 손, 똑바른 눈으로
언제라도 당신에게 갈 수 있도록 준비시켜 주소서
그래서 저 노을이 지듯이 내 목숨이 사라질 때
내 혼이 부끄럼 없이 당신에게 갈 수 있게 하소서

—<인디언의 기도문>

'나로 하여금 깨끗한 손, 똑바른 눈으로 언제라도 내 혼이 부끄럼 없이 당신에게 갈 수 있게 하소서.'

인디언들의 자연과 신에 대한 자세는 우리가, 내가, 얼마나 허황되고 방자한 삶을 살고 있는가를 여지없이 질책한다.

그들은 나를 감동시킨다. 어찌 보면 이 지구상에서 가장 신과 가까이 사는 사람들이 아닐까 생각되기도 한다.

나는 내 부끄러움을 생각하며 그 기도문을 읽곤 한다. 하늘의 소리, 자연의 소리를 듣지 못하는 마음은 교만이다. 그래서 그걸 들으려고도 하지 않는다. 세상에 나보다 더 잘난 사람은 없다는 방자함이다. 겸손해지는 것, 보다 더 낮아지는 것, 그래서 어느 날 나를 보내신 이에게로 돌아갔을 때 아니 그 분께로 돌아가고자 할 때 나로 하여금 깨끗한 손, 똑바른 눈으로 언제라도 내 혼이 부끄럼 없이 당신에게 갈 수 있게 하소서 나도 정녕 그리 될 수 있었으면 싶다.

책상 옆 화분의 크로톤이 축 처져 있었다. 웬일일까. 어제만 해도 싱싱했었는데. 그러고 보니 토요일에 물을 준 후 어제도 깜박 했던 모양이다. 내 목 마른 만큼 크로톤도 잘 챙겼었는데 모를 일이다. 사정이야 어떻든 만 사

크로톤을 위하여

흙이나 물을 주지 않은 것이다. 급히 물을 주고 이파리도 닦아주었다. 그런데도 금방 살아나질 않는다. 밖에 내다 놓고 햇볕과 바람을 쏘여 주었다. 서너 시간이 지나니 비로소 살아나는 기색이 보인다.

'고놈 참.' 속으로 혀를 차며, 이 작은 식물도 저에게 신경을 써주지 않으니 사랑에 고파하는구나 생각하니 모든 생명 있는 것은 하나같이 사랑의 존재라는 생각이 들었다.

크로톤Croton이란 원래 한 식물 이름이 아니고 잎에 반점이 들어있는 식물의 총칭으로 주로 열대, 아열대 지역에 다양하게 분포하는데, 꽃보다 더 화려한 잎 때문에 실내 장식용으로 널리 이용된다고 한다. 잎도 넓은 것부터 가는 것까지 다양한데 어느 것이건 밝은 빛을 좋아하고, 추위에는 아주 약해서 15℃만 되어도 잎이 지고 만다.

내가 돌보는 크로톤은 15㎝ 정도의 키, 세 개의 줄기에 30여 개의 녹색, 자주색이 섞인 밤나무잎 비슷한 이파리를 달고 있는 아주 보기 좋은 모습이다. 크로톤에 신경을 쓰는 것은 이제 습관이 되어 있다. 아침에 녀석의 싱싱한 잎을 보면 내 하루도 그렇게 싱싱해지는 것 같다. 한 밤을 홀로 지켜내고 정성스레 아침을 맞는 그를 보면

경건한 마음이 든다. 이 하루를 소중하고 아름답게 살아야지 하는 다짐과 할 일을 제대로 해내는 하루가 되게 하소서 하는 바람이 기도가 된다.

크로톤을 위해 내가 해 주는 것은 고작 잊지 않고 물을 주고, 가끔씩 햇빛을 쏘여주고 사랑의 말을 건네주는 정도다. 크로톤은 그런 내게 말없이 삶의 희망과 사랑받고 있는 기쁨과 사랑하는 기쁨으로 보답해 온다. 세상에 거저 오고 가는 것은 없을 것이다. 먼저 주어야 오는 것도 있음은 삶의 질서요 자연의 순리다. 그래선지 크로톤을 위해 내가 해 줄 것이 있다는 것도 기쁨이 된다. 마치 사랑을 저금하는 마음이다. 오늘도 퇴근길에 물을 준다. 그러나 이것도 사실은 나를 사랑함일 것 같다.

아침은 언제나 눈이 부시도록 새롭다.

어제 맞았던 아침을 다시 맞는 것인데도 어제와는 전혀 다른 낯선 신선함으로 다가온다.

그 아침의 가슴으로 차를 타고 한강을 건너면 자욱한 안개 속에 유유히 흐르고 있는 강과 그 강을 사이에 두고 양쪽으로 뻗은 올림픽 대로며 강변도로가 함께 아침

행복의 강

을 맞는다.

채 어둠이 가시지 않은 도로 위로 꼬리에 빨간 불을 달고 미끄러지듯 달려가는 개똥벌레 같은 차들은 '움직이는 것이어야 아름다운 것이구나!' 하는 생각을 다시 하게 한다.

움직인다는 것은 살아있음의 의미일 것이다.

누구에게나 가슴속으로 행복의 강이 하나씩 흐르고 있단다. 그러나 그걸 깨닫고 사는 것이 더 큰 축복일 것 같다. 내가 가진 것은 하잘 것 없고, 남이 가진 것만 커 보이고 좋아 보이는 욕심은 가장 소중한 것이 무엇인지를 알 수 없게 만드는 어두움의 그늘이다.

살아있을 때에만 삶의 의미도 주어지는 것 아니겠는가.

삶이야말로 하나님이 허락하신 최고의 축복이다.

더욱이 각자에게 주어진 삶은 결코 다른 어느 누구도 빼앗아갈 수 없는 오직 나만의 삶이요, 내가 챙기며 살아야 할 내 몫의 삶이다.

하지만 하루의 문門을 통해 일제히 한 날의 삶을 시작했던 수많은 사람들은 저녁이 되면 성과라는 보따리 하나씩을 들고 다시 그 문으로 되돌아 와야 하는 것이 아닐까.

차에서 내려 일터로 향하는데 나무 위에서 까치 한 마리가 소리 높여 노래하고 있다.

저 새의 하루는 어떨까? 저 새는 이미 한 몫을 하고 있다. 벌써 하루를 시작하는 내게 기분 좋은 하루에의 예감을 한 아름 안겨준 것이니까. 생각지 않은 까치와의 만남이 한껏 기분을 좋게 한다.

나도 오늘 만나는 모든 이들에게 까치처럼 기분 좋은 예감을 선물하고 싶다.

차안에서 바라보았던 안개 속의 한강, 그 신비롭도록 유유한 흐름처럼 순리의 삶을 살고프다, 만남마다 무언가 좋은 일이 일어날 거예요 하며 좋은 느낌을 선물하던 까치처럼 살고 싶다. 남아있는 길이를 알 수 없는 우리 삶

속에서 오늘이라는 특별히 허락된 이 은총의 시간을 가장 아름답고 유익하게 살고 싶다.

행복의 강은 크고 요란한 흐름이 아니라 이처럼 소리 없이 아무도 눈치채지 못하게 흘러가는 것일지도 모른다.

누구에게나 가슴속으로 행복의 강이 하나씩 흐르고 있단다. 그러나 그걸 깨닫고 사는 것이 더 큰 축복일 것 같다. 내가 가진 것은 하잘 것 없고, 남이 가진 것만 커 보이고 좋아 보이는 욕심은 가장 소중한 것이 무엇인지를 알 수 없게 만드는 어두움의 그늘이다.

내 가슴 안에 담겨있는 행복의 분량을 측정하는 방법은 내가 아끼는 것을 내가 가장 사랑한다고 생각하는 사람에게 모두 주어버려도 어느새 다시 그만큼 생겨나 있는 것이 사랑이고, 그 사랑을 확인하는 것이 행복이란다.

오늘 이 아침 우리들의 가슴 안에서 행복의 강물 흘러가는 소리로 상쾌한 아침이 되게 해 보면 어떨까.

들국화 편지

굽이 길을 돌아 공터에 차를 대고 산등성을 오른다. 이윽고 다다른 어머니의 유택, 작은아이가 추석 전에 벌초를 했다. 그러나 봉분만을 중심으로 겨우 풀을 베어냈을 뿐이라 1년 동안 주위에서 넘쳐 밀고 오는 나뭇가지와 억센 풀들이 묘 주위를 맘껏 점령하고 있었다. 가져간 낫으로 하나하나 쳐내기 시작했다. 장갑을 끼지 않은 손이

낫질 몇 번에 금방 빨갛게 된다. 한참을 그렇게 정신없이 쳐내고 나자 내 막힌 가슴도 좀 트이는 것 같다. 그런데 묘 옆으로 들국화 몇 그루가 껀정한 키를 하늘대며 활짝 피어 있다. 지난해에는 없었는데 어디서 날아와 이렇게 일년 사이에 꽃대를 올리고 꽃을 피웠을까.

바람에 살랑대는 들국화를 보는데 그 하늘대는 모습이 무언가 내게 말을 하고 있는 것처럼 보인다. 어쩌면 어머니가 이 계절에 내게 보내는 꽃편지인지도 모르겠다. 몇 가지를 꺾었다. 향기가 참 짙다. 부풀어 오른 흙을 밟아 주고 묘를 한 바퀴 더 돌아본 후 발을 옮기려는데 저쪽 편에 피어 있는 또 다른 들국화들이 일제히 바람에 흔들리며 인사를 한다. 오늘따라 왜 이리 유난스러운지 괜시리 가슴까지 시리다. 꺾은 꽃을 아내에게 주면서 시어머니가 보내신 거라 했다. 얼굴 한 번 본 적 없지만 나로 인하여 이어진 인연이다.

자꾸만 산소를 찾고 싶던 마음이 들국화 때문은 아녔을 것이다. 아이에게 맡겼던 추석 때의 벌초가 아무래도 마음에 걸렸었다. 그러나 아내가 받아 운전대 옆에 놓아둔 들국화를 보니 꼭 그렇지만은 않았을 거란 생각도 든다. 꽃은 어느새 많이 시들었다. 그러나 알아들을 순 없어도 어머니가 내게 보내는 메시지가 있는 것 같아 애꿎게 코를 벌름거리며 향기를 맡아본다.

가을이 다 가는 이 때 어머니는 내게 무슨 말을 하고 싶으신 것일까. 나이가 들어갈수록 보이지 않는 것, 들리지 않는 것에 마음이 쓰이는 것은 비로소 자연한 것에 관심을 갖게 된 때가 되었음이 아닐까. 그래서 들국화도 어머니의 편지로 느껴짐일 것이다. 글자 하나 없는 꽃 편지를 받아든 내 가슴은 그냥 들국화 향 그리움으로 가득 차 버린다.

흐르는 물처럼

우리 삶에는 수많은 웅덩이가 있을 수 있다. 그 웅덩이를 하나하나 메워나가지 않으면 안 된다. 그게 삶인 것이다.

가장 순리로운 상태를 말할 때 우린 '흐르는 물처럼'이라 말한다.

흐르는 물, 참 좋은 말이다. 모든 일이 흐르는 물처럼만 순조롭게 되어갈 수만 있으면 얼마나 좋겠는가.

하지만 격변의 시대를 사는 우리, 예측할 수 없는 참으로 많은 변수가 생겨나는 이 시대에서 과연 '흐르는 물처럼'의 삶은 가능한 것인가.

물은 자유롭고 유연하다. 겸허하되 넉넉하다. 물의 덕목이다. 그러나 "水能載舟 亦能覆舟수능재주 역능복주" 곧 물은 배를 띄울 수도 있고 뒤집을 수도 있다.

노자는 "최상의 선은 물과 같다上善若水상선약수"고 했다. 하지만 선을 행한다는 것이 어찌 쉬운 일이겠는가. 또 막상 하려 하면 걸리는 것이 있기 마련이다. 그래서 맹자는 "흐르는 물은 웅덩이를 채우지 않으면 나아가지 않는다流水之爲物也 不盈科不行유수지위물야 불영과불행"고 했을 것이다. 앞에 빈 웅덩이가 있다면 먼저 채워야 넘치고 그래야 비로소 물도 흘러갈 수 있음이다.

우리 삶에는 수많은 웅덩이가 있을 수 있다. 그 웅덩이를 하나하나 메워나가지 않으면 안 된다. 그게 삶인 것이다.

피천득 선생은 ≪어린 벗에게≫의 책 머리말에서 "삶이 나이가 들수록 어린이와 똑같아진다는 말이 있습니다. 참으로 진실입니다."라고 했다.

어린이와 같아진다는 것, 처음의 생각 그 순수함으로 돌아가는 것이야말로 '흐르는 물처럼'이 아닐까 싶다. 그러나 우리는 금방 고개를 젓는다. 긍정보다 부정이 더 강하다. 그 부정 속엔 자기 욕심, 이기심, 편견, 불신 등이 가득하다. 자기 쪽으로 세게 당기면 균형과 질서가 깨질 수밖에 없다. 자연스럽게 흘러가는 세상을 살고 싶다.

흐르는 물은 변화까지도 포용한다. 아주 작은 질서와 원칙이 지켜질 때 큰 질서와 원칙도 지켜지는 것처럼 좀 더 포용하며 우리 삶의 질서들이 순리를 따라 지켜지고 수행되어졌으면 싶다.

배를 띄우는 물처럼, 웅덩이를 채우고 흘러가는 물처럼, 나이가 들면서 어린아이와 같이 순수해지는 사람처럼, 아름다운 질서의 세계를 만들며, 지켜가며, 흐르는 물처럼 순리로운 세상에서 그렇게 살아가는 삶이 참으로 아쉽다.

아름다운 유혹

아침이란 말은 신비롭고 싱그럽다. 그냥 두어도 밝고 환하기 그지없는 아기 얼굴을 세수까지 시킨 것처럼 아침은 싱그럽다 못해 눈이 부시다. 그런 아침을 맞는 모두의 가슴에는 어제와는 다른 오늘에의 희망과 꿈이 새로운 기대감으로 찬란한 무지개처럼 일어난다.

사람의 특징은 나쁜 것에 대한 불안보다는 좋은 것에

대한 기대가 늘 더 크다. 그래서 큰 아픔이나 절망에서도 이내 더 좋은 것이 오리라는 기대와 희망으로 주저앉지 않고 다시 일어설 수 있는 것이다.

요즘엔 하나같이 힘들다고들 말한다. 그러나 힘든 사람들처럼 살진 않는 것 같다. 이미 좋은 맛을 알아버린 때문일 수도 있겠지만 이 고비만 넘기면 다시 좋아지리라는 희망과 기대가 더 크기 때문이다. 힘들어진 만큼 줄이기도 해야 하련만 잠깐이면 될 텐데 구태여 위축되어 살 필요가 있는가라고 생각하나 보다. 줄이는 것도 방법이지만 희망으로 이겨내는 것도 방법일 것이다.

밤이 지나면 어김없이 아침이 온다. 그 아침에 대한 믿음과 기대가 있기에 잘들 참고 견딘다. 아침의 아름다운 유혹이다. '그래, 될 거야, 좋아질 수 있어.' 그런 아침의 유혹이 사람들을 살아가게 한다. 이 유혹 앞에서 사람들은 이겨내는 힘과 용기와 삶에의 의지를 가꾸며 보다 크고 좋은 것에 욕심을 낸다.

하나님께서 인간에게 주신 가장 귀한 선물일 희망을 품고 사는 존재, 실낱 같은 빛가닥으로도 어둠을 몰아내듯 짙은 어둠 속에서도 아침은 오고 말 것이라는 믿음과 소망은 사람을 사람이게 해 주는 가장 큰 힘이다.

밤내 잠들었다 눈이 떠졌을 때 어둠은 간곳없고 찬란

한 광명의 아침이 새 세상을 열고 있는 것을 보면서 사람들은 또 한 번 살아볼 만한 세상이라고 마음을 다진다. 찬란한 아침의 유혹을 절실하게 더 많이 느낀다는 것은 그만큼 진한 생명의 욕구일 것이다. 다들 힘들다고 하지만 밤이 지나면 아침이 온다는 믿음은 아침향기, 밝음의 맛에 대한 유혹으로 우리에게 충분히 살아갈 힘이 되고도 남는다.

밤이 지나면 어김없이 아침이 온다. 그 아침에 대한 믿음과 기대가 있기에 잘들 참고 견딘다. 아침의 아름다운 유혹이다.

사는 재미

'뭐 재미있는 일 좀 없어요?' 하는 질문을 받으면 참 난감해 진다. 저마다 사는 재미를 느끼지 못 한다는 말인데 사실 '사는 재미'야말로 정말 중요할 것 같다.

신바람이란 말이 있지만 '사는 재미'란 바로 이런 신바람이 아닐까. 어떤 일이든 신이 나야 능률도 오를 뿐 아니라 보람도 즐거움도 맛볼 수 있을 것이다. 사는 것이 재미없다는 것은 대단히 큰 문제다.

사는 것 자체가 고맙고 감격스럽고 희망적이고 행복해야 할 텐데, 살고 있으면서도 사는 재미가 없다니, 그러면 무엇 하러 사나 하는 존재성마저 위협받게 되는 것 아닌가. 물론 사는 것이 재미만일 수는 없겠다. 살아있음이 감사하고 그래서 사는 것이 즐겁고 재미있어야지 그렇지 못하다면 분명 문제가 있는 것 아니겠는가.

그렇게 분주하게 움직이며, 바쁘다고들 말하면서도 정작 그 사는 것은 재미가 없다면 그것은 흘러가는 세월에 편승하여 의미 없이 따라 흘러가고 있다는 말이 아닌가. 분명 '재미'야말로 삶의 활력이요, 희망이요 의욕이 될 수 있음이다.

좋은 소식보다도 그렇지 못한 소식이 더 많은 요즘 같은 때에 정녕 '사는 재미'를 느끼게 해 줄 기분 좋은 소식은 없을까. 아름답고 향기로운 그런 소식은 없을까.

손바닥만한 작은 허브 화분 하나만 갖다 놓아도 사무실의 공기가 달라지고 분위기가 변하던데 살맛나는 오늘로 그 변화의 주체가 내가 되어보면 어떨까. 분명 그 작은 것으로 인해 훨씬 사는 맛, 사는 재미를 더 느낄 수 있지 않을까.

아침 신문에는 370억 원을 사회에 내놓았다는 기사가

사는 것 자체가 고맙고 감격스럽고 희망적이고 행복해야 할 텐데, 살고 있으면서도 사는 재미가 없다니…

실려 있었다. 대단히 충격적인 아름다운 소식이다. 그러나 공중화장실에 누군가 가져다 놓은 작은 화분 하나, 뒷동산 약수터에 살짝 걸어놓은 표주박 한 쌍, 사무실 탁자 위에 꽂혀진 장미 한 송이, 지하철역 입구에 쪼그리고 앉아있는 할아버지께 동전 하나를 조심스레 놓고 가는 어린 아이, 그런 걸 보며 오히려 살맛을 느낀다면 너무 감상적일까? 우린 사는 재미를 너무 큰 것에서만 찾고 있는 것은 아닐까?

출근길에 손을 흔들며 배웅하는 아이와 아내의 손끝에서, 그리고 버스에 오르고 내리며 나누는 '어서 오세요.', '고맙습니다.' 하고 나누는 한 마디, '사는 재미'는 그렇게 내가 만들어가는 것이요, 내가 버무려 내는 손맛의 김치 맛 같은 것이 아닐까.

오월 바람

5월 초의 바람에선 연초록 풋내가 난다. 솜털 보송한 아이들의 노랫소리가 배어 있다. 사랑스런 아이들 같은 보드라움이 느껴진다.

벌써 이마에 송글송글 땀방울이 맺히는 날씨다. 그러고 보면 봄은 없어지고 겨울에서 여름으로 바로 가는 게 요즘 우리나라 날씨인 것 같다. 점심을 먹으러 가는 길인데 그래도 바람은 시원하다. 봄 햇볕이란 따갑긴 해도 이따금씩 불어오는 바람의 시원함까진 막지않나 보다.

오월 바람은 한 5년쯤 산 부부 같다. 아주 뜨겁지도 그렇다고 차갑지도 않게 조금은 덤덤해 지는 듯 싶다가도 하나가 없으면 아쉽고 허전해 지는, 그래서 있으면 좋

고 없으면 아쉬운 그런 상태다. 그러나 조금만 관심 있게 귀를 기울이거나 코를 벌름대 보면 꼭 같지 않은 바람임을 금방 알 수 있다.

5월 초의 바람에선 연초록 풋내가 난다. 솜털 보송한 아이들의 노랫소리가 배어 있다. 사랑스런 아이들 같은 보드라움이 느껴진다. 그런가 하면 오월 중순의 바람에선 어머니 냄새가 나는 것 같다. 이미 부모님이 사셨던 나이를 훌쩍 넘어섰건만 5월이면 다시 어린아이가 되어 누구에게랄 것도 없이 마냥 기대고 싶어진다. 그런가 하면 오월 셋째 주의 바람은 짙푸른 색만큼 은혜로운 바람이다. 사람노릇 하라던 가르침들이 새록새록 생각나게 한다. 가르침에 온전히 따르지 못한 부끄러움이 앞서고 이제라도 고마움의 인사를 드리려 했더니 벌써 세상에 계시지 않는 분들이다.

그래서 오월은 비로소 새 정이 일게 하는 때이다. 여름으로 가는 길, 봄이 없다고들 하지만 겨울과 여름 사이에서 드러나지 않게 몫을 해내는 계절이다.

사는 일에 너무 바빠 잊고 있던 이름이 바람처럼 홀연히 생각나고, 어렴풋하나마 잊혀졌던 얼굴들이 생각나는가 하면, 내게 사랑을 주시던 분들은 지금 어디서 어떻게 지내실까 궁금함에 조바심이 난다. 오월 바람을 맞으며 가만히 눈을 감아본다. 싱그러운 아이들 소리와 부모님의 사랑내와 선생님의 은혜로운 목소리가 바람소리로 바람냄새로 느껴진다.

가까움 느끼기

늘 마주친다고
서로가 가까워지는 것은 아닙니다.
삶을 살다보면
왠지 느낌이 좋고
생각하면 웃음이 나오고
늘 그리움으로 목덜미를
간지럽히는 사람이 있습니다.

살다 보면 가깝다고 생각했던 사람이 사실은 아주 멀리 있고, 멀다고 생각했던 사람이 오히려 가깝게 느껴질 때가 있다. 가까이 있다고 해서 가까워지는 것이 아니며 가까움을 느끼는 것도 아니다. 늘 보며 마주치며 산다고 가까운 것이 아니다. 오히려 보이지 않는 곳에 멀리 떨어

져 있어도 늘 같이 있는 것처럼 느껴지는 사람, 금방이라도 '나야.' 하고 불쑥 나타날 것만 같은 그런 사람이 더 가까운 사람이다. 때로는 화가 나서 아주 멀리 도망쳐 버리고 싶다가도 어느 새 그가 다시 내 곁에 와 있음이 감사하고, 내가 그로부터 결코 멀어질 수 없음을 느끼는 그

런 사람이 가까운 사람이다. 그러나 옆에 있어도 가까움이 느껴지지 않는 사람도 있다. 벗겨내도 벗겨내도 껍질이 나타나는 그래서 진실을 느낄 수 없는 사람이다. 잠시만 지나도 말이 바뀌는 사람도 그렇다.

요즘 사람들은 너 나 없이 외로움을 탄다. 사람은 북적대도 늘 혼자라고 한다. 서로 가까움을 느끼지 못하기 때문이다. 사람의 온기를 못 느끼기 때문이다.

끝도 알 수 없고
크기도 알 수 없이 커가는
그리움에 심장이 터질 것만 같습니다.
늘 마주친다고
서로가 가까워지는 것은 아닙니다.
삶을 살다보면
왠지 느낌이 좋고
생각하면 웃음이 나오고
늘 그리움으로 목덜미를
간지럽히는 사람이 있습니다.
가까움을 느끼려면
모든 껍질을 훌훌 벗어내고
정직해야 합니다.
진실해야 합니다.

솔직해야 합니다.
외로움으로
고독만을 움켜잡고
사위어만 가는 삶의 시간 속에
갇혀있어서는 불행합니다.
사랑하는 사람과 더욱
가까워지기를 연습하며
서로 사랑하기 위하여
묶어 놓은 끈들을
하나씩하나씩 풀어나가는 것입니다.

—용혜원 <가까이 있기>

시인의 말처럼 가까움을 느끼려면 껍질을 벗고 정직하고 진실하고 솔직해야 할 텐데 그게 그렇게 안 되는 것이다. 그래야 꽃에서는 꽃의 향기가 나고, 사람에게선 사람내가 나듯, 보이지 않는 그 사람의 냄새도 맡을 수 있게 될 테고 비로소 가까움도 느낄 수 있을 것이다. 가까이 있기 뿐이 아니라 가까움을 느끼게 해 주는 삶을 선물하는 것이 더욱 귀한 일일 게다. 내게서 가까움을 느끼는 이웃을, 친구를, 형제를, 가족을 내가 만들어야 할 것이다. 진심으로 사랑해야만 가능한 일이다.

사람이 사는 곳

태국의 오지인 치앙라이 도이창이란 부족 마을에서 의료봉사를 했다. 해발 천오백 미터의 고지에 위치해 코끼리가 사는 산이란 뜻의 '도이창'엔 버마 쪽에서 흘러들어온 다섯 개의 부족 오천여 명이 여기저기 모여 살고 있다.

방콕에서 매수와이까지 버스로 열 시간, 매수와이에서

도요다 픽업의 힘을 빌려 또 두 시간 산을 올라 이른 곳, 그들은 태국에 살고 있어도 국적조차 없는 사람들이었다. 영어도 태국어도 통하지 않는 사람들, 그런데도 몸짓, 눈짓만으로도 의사 전달은 되었고, 그들의 순박한 마음도 고스란히 전해져 왔다.

마약을 너무 많이 하여 늘 몽롱해 있는 상태이고 마약에 절은 그들 특유의 냄새에 씻지 않아 나는 냄새까지 범벅이 되어 마주하면 숨쉬기가 어려울 만큼 역겨웠다. 하지만 아이같이 순박한 그들 모습을 보며 겉으로 보이지 않는 내 내면은 훨씬 더 냄새나고 때가 묻어있을 것이란 생각을 했다.

그들의 집에서 밤을 묵으며 사람이 사는 곳은 어디나 같다는 생각을 했다. 우리의 옛날 헛간 같은 구조에 대나무 문, 대나무발 바닥은 오히려 낯설지 않았다. 정성스레 차려 내온 우리나라 토종밤 같은 아주 작은 군밤과 모양은 참외인데 맛은 오이인 오이참외를 먹으며 욕심도 미움도 없이 사는 그들 앞에서 한없이 부끄러움을 느꼈다.

그들이 먹는 음식을 내 입맛으론 먹을 수가 없고, 그들 생활이 거부감 없이 받아들여지진 않지만 이번에 우리가 나누고 베푼 작은 일들 곧 한방 양방 진료와 미용 및 학생들에게 해 준 일들보다 그들에게서 얻어오고 배워 온

것이 더 많은 것 같다.

사람이 사는 곳, 사는 상황이 우리와 다르다고 그들 삶이 낙후된 것이 아니라 우리처럼 살아야 사는 것이라는 우리 생각 자체가 잘못이었다.

몸도 잘 씻지 않는 그들, 왼손과 오른손의 하는 일이 엄격히 구분되어 있는 그들과 함께 하는 동안 작디작은 그들 체구보다 오히려 내가 작아졌다. 그것은 여전히 건방지고 교만한 마음이 속에 가득한 채 다가가서 여리고 순진한 그들 앞에서 거만하게 뒤뚱거리던 아무짝에도 쓸모없는 내 자존심. 그 부끄럼 때문이었던 것 같다.

하루를 사는 동안에도 참 많은 사람을 만난다.

관계가 있어도 만나고, 없어도 만나고, 그냥 스쳐 가는 만남이 있는가 하면 정답고 반가운 만남이 있다. 그런데 그들을 보면 서로 아는 사이엔 정이 철철 넘쳐나나, 모르는 사람과는 찬바람이 인다.

꽃들도 사람을 보면

길거리에서는 말할 것도 없고, 같이 탄 차, 심지어 한 동네 사는 이들끼리의 엘리베이터 안에서도 그렇다. 먼저 인사를 트면 될 것인데 그게 그렇게 어려운가보다. 그 좁은 공간에서 멋쩍어 하며 그냥 숫자판만 애꿎게 노려본다. 혹여 자기 몸에 무어라도 묻을까 싶게 경계하듯 서있다. 먼저 내리거나 상대가 내려버린 후에야 비로소 편안한 마음이 된다.

그런 우리를 외국인들이 보면 필시 죄다 화난 사람 같아 보일 게다. 그러나 아는 이끼린 길거리건, 차안이건, 어디에서건 가리지 않고 그 반가움을 나타내는 것이 오히려 안하무인이고, 막무가내고, 유난스럽기까지 하다. 주위를 무시한 아주 큰소리나 보는 사람이 놀랄만한 거친 행동으로도 반가움을 표한다.

아는 사이가 아니면 마음을 닫아버리는 전형적인 우리나라 사람들의 성격 때문일까, 아니면 수줍음을 많이 타서이거나 내성적이어서일까.

외국에 나가보면 그냥 마주치고 지나치면서도 눈인사를 하고, 입으로도 자연스레 인사를 하는 것을 보면서 부러움과 부끄러움을 함께 안곤 했다. 그러다가도 내 나라에 돌아오면 언제 그랬느냐는 듯 그조차 잊어버리기 일쑤다.

오늘은 일이 있어 집에 조금 일찍 들어왔다. 아직 식구중 아무도 돌아오지 않은 집의 문을 열자 향기로운 냄새가 코로 스며든다.

난향이 나를 맞아주고 있다. 어제 물을 주느라 욕실 옆에 내놓았던 난분들을 마루로 옮겨놨더니 함빡 목욕을 한 뒤끝이어서인지 더욱 싱그러운 모습으로 향기를 풍기고 있다. 하루 종일 저희끼리만 있었을 텐데 사람을 보니 많이 반가운가 보다. 그들의 환한 모습을 보니 내 기분도 덩달아 좋아진다.

잘 있었니? 인사를 건네자 꽃들이 일제히 방긋 웃음을 웃느라 향기를 더 품어내는 것 같다. 식물도 이렇게 인사를 하고, 꽃들도 사람을 보면 밝게 웃는다. 나만이 아니라 꽃을 키워본 사람이면 누구나 이를 느낄 수 있으리라. 그러나 내 표정이 별로 밝지 못하면 나를 보는 꽃들도 웃음기를 잃는 걸 보면 사람만 감정이 있는 것이 아닌가 보다.

컴퓨터를 켰다. 찬양곡이 흘러나온다.

"당신은 사랑 받기 위해 태어난 사람…."

축복의 노래다.

삶을 위한 수많은 만남 속에 나는 얼마나 남을 축복해주며 살고 있는가. 모두가 한 하늘 아래서 함께 이 시대를 살아가는 삶의 동료가 아닌가. 꽃들도 사람을 보면 인사를 하고, 자기의 향기를 선물하는데 사람과 사람 사이엔 왜 그게 잘 안될까. 꽃들도 사람을 보면 반가움을 표할 줄 아는데 오히려 사람과 사람 사이엔 그게 잘 안 되니 참으로 모를 일이다.

사람도 꽃들처럼 서로 기쁨을 주는 존재가 될 수는 없을까.

여행을 보내며

아들아이가 여행을 가겠다고 한다. 싱가폴, 태국, 캄보디아를 돌아오는 3주 여정이란다. 아이는 나름대로 생각이 많았을 것이다. 제대를 하고 복학하여 졸업을 한 후 바로 한껏 마음에 드는 일을 찾아 꿈을 갖고 참여하여 일이 순조롭게 진행되는 것 같았다. 그런데 생각잖은 외부 환경에 의해 일순간에 좌초되어버리자 아이는 마음을 크게 상했던 것 같다.

근래는 몇 군데 시험도 보는 것 같았는데 잘 안 되는가 보다. 도움이 필요한가 물었더니 당분간 저한테 맡겨달라고 해서 그냥 보고만 있는 중이었다. 그런데 배낭여행이란다. 물론 전부터 얘기는 있었지만 내일 떠나겠다니. 여행을 통해 예기치 않은 상황과 부딪히면서 낯설고 새로운 것들과의 만남을 통해 자신을 시험하고 단련하고 점검해 보고자 하는 것 같다.

지난밤엔 그런 아이와 함께 가정예배를 드렸다. 말하자면 며칠간이지만 파송예배인 셈이다. 젊다고는 하나 미지의 세계로 떠나는 마음이 기대와 설렘 만이겠는가.

불안과 두려움이 더 클 것이다. 그런 그에게 혼자이지 않다는 생각, 가족들이 마음으로 늘 함께 하고 하나님의 인도와 도우심이 있다는 믿음은 무엇보다도 큰 힘이 되어줄 것이다.

아이보다 먼저 출근길에 오르면서 아이를 껴안았다. 나보다 훨씬 커버린 키, 이미 아이가 아니지만 내게는 아직도 철없고 불안하기만 한 어린아이일 뿐이다. 그러나 그가 제 인생을 위해 새로운 체험을 하겠다니 이 또한 축복이 아닐 수 없다.

무엇을 배울지, 어떤 상황을 만날지 그건 모른다. 다만 어떤 경우나 상황에서도 슬기롭고 의연하게 대처하고 극복해 주길 바랄 뿐이다.

그러고 보면 아이뿐 아니라 우리 모두는 삶이라는 미지의 세계 여행을 하고 있는 것이 아닐까. 이 미지 여행의 단락들을 통해 크고 작은 성장을 얻게 되는 것이다. 오늘도 아이는 아이대로 나는 나대로 삶의 여행 중이다.

참 아름다운 사랑

헌혈을 했다. 건강한 몸을 갖고 있으면서 내가 할 수 있는 가장 손쉬운 방법 중 하나가 헌혈이라고 생각하여 일 년에 서너 번 정도 헌혈을 하고 있다.

아직도 우리나라는 헌혈인구가 그렇게 많지 않다고 한다. 건강한 내 피를 생명의 피로 누군가와 나눌 수 있다는 것은 아름다운 축복이 아닐 수 없다. 아파서 치료를 위해 병상에 누워있음이 아니라 헌혈을 하기 위해 누워 있는 것은 심적으로도 많은 차이가 있음을 느낀다. 헌데 지금 내 팔의 혈관에서 빠져나가고 있는 이 피에는 여러 성분이 있는데 이 성분들의 하는 일이 또 나를 감동케 한다. 그들이 하는 일은 참으로 놀라웠다.

우리 몸에 있는 혈액 속에는 백혈구, 적혈구, 혈소판, 혈장이라는 성분들이 있다. 그런데 그 중 백혈구는 우리 몸 안으로 병균 같은 침입자가 들어오면 그 침입자를 없애는 일을 한다. 헌데 백혈구가 침입자를 없애는 방법이 아주 독특하다. 아주 강력한 방법도, 절대 무력도 쓰지 않는다. 그렇다고 특별한 성분으로 죽이는 것도 아니다. 백혈구가 쓰는 방법은 침입자가 들어오면 달려 나가 그를 품에 안아버리는 것인데 그렇게 오랫동안 꼬옥 품에 안고 있으면 침입자는 백혈구의 품 안에서 그냥 녹아버린다고 한다. 그가 흉한 모습이건, 냄새나는 것이건 가리지 않는다. 품으로 감싸안아 주기만 하는 것이다. 바로 사랑이다.

적혈구도 마찬가지다. 적혈구는 골수에서 태어나 폐로 가서 산소를 받아들임으로 자란다. 우리 몸 안의 기관은 모두 산소를 얻어야만 살 수 있다. 산소가 곧 생명줄인 것이다. 그런데 적혈구는 이런 생명의 산소를 넉넉하게 가지고 다니다가 산소를 필요로 하는 곳이 있으면 자기 것은 조금도 남기지 않은 채 모두 다 줘 버린단다. 그렇게 나흘쯤 살다가 비장이란 곳에 가서 조용히 생을 마친다.

백혈구와 적혈구의 삶을 통하여 많은 생각을 하게 된다. 사람인 우리는 어떻게 살고 있는가? 백혈구나 적혈구의 삶처럼은 못 되어도 어느만큼은 따라갈 수도 있을 텐데 아예 그런 것은 생각지도 않고 되려 내 몫만을 챙기기에 급급해 있지는 않은가?

우리 몸의 지극히 작은 세포 하나도 자기만을 위해 사는 친구는 하나도 없단다. 백혈구의 사랑은 모든 것을 사랑으로 감싸주는 사랑이요, 적혈구의 사랑은 모든 것을 나누어주는 사랑인 것처럼 우리 몸 속 아주 작은 부분 부분까지도 이러한 헌신적인 사랑들이 있기에 우리가 건강한 몸을 유지할 수 있는 것이란다. 결국 우리 사회가 건강한 우리의 몸처럼 되려면 바로 내가 백혈구의 사랑, 적혈구와 같은 사랑을 베풀 수 있어야 한다는 말이다.

사랑이 넘치는 온유한 사람을 만나면 그냥 맘이 편해지고, 그런 이들과 만나면 마음도 기뻐지고 반가워 언제까지고 함께 있고 싶어지는 것도 바로 그런 이유일 것이다. 참 아름다운 사랑은 줄 것을 줄줄 알고, 내가 가진

소중한 것을 아낌없이 나눌 줄 아는 마음이 우선될 때만 가능할 것이다. 내면적 아름다움이야말로 내가 만들어 가는 아름다움일 것 같다.

삶 맛

병원에 입원한 환자를 문병하다 보면 의외의 말을 듣곤 한다. 정작 자기 자신이 환자로 입원할 거라곤 전혀 생각해 보지도 않았다는 것이다. 그래서 다른 사람의 병문안을 가서도 사실 자기가 당한 것 같은 진심 어린 염려와 안타까움보다 형식적 인사치레였다는 것이다. 물론 전혀 염려하는 마음이 없었다는 것은 아니지만 진심으로 환

누군가 행복하다면 나도 행복해 질 수 있고, 누군가 불행하다면 나도 불행해 질 수 있다

자의 입장이 되어 아픔과 고통을 이해하는 위로를 해 주지 못했다는 말이다.

불행과 같은 단어는 생각조차도 하지 않으려 하는 게 특히 우리나라 사람들이다. 그러나 그런 생각을 의식적으로 떨쳐버린다고 내게는 결코 그런 일이 없을 것인가. 오히려 이런 이상한 확신은 요행을 바라는 것일 뿐 아니라 만일의 사태에 대한 예방의 기회까지 막는 일이 될 수 있다.

어떤 이는 언제일지 모르는 삶의 마지막을 준비하며 매일매일 유언장을 작성한다는데, 죽음까지도 자기를 비켜갈 것이라고 생각하는 사람을 보면서는 참으로 아연해진다.

여러 번의 입원과 수술 경험이 있는 나로서는 아픈 사람을 보면 남의 일 같지 않다. 내가 겪는 일은 다른 누구도 겪을 수 있는 일이고, 남이 겪는 일 또한 언제고 내가 겪을 수 있는 일이다. 그런데 많은 사람들이 그렇게 생각하려 하지 않는다. 좋은 일은 내 것이 되고, 나쁜 일은 다 나를 비켜 가는 행운(?)을 기대한다.

삶은 천평 저울天平秤과 같다고 생각한다. 한 쪽이 올라가면 다른 한 쪽은 내려오는 것이 세상 이치요 자연의 섭리다. 내리는 비가 나만을 피해갈 수 없듯이 불행도 나만 비켜 가지만은 않는다.

누군가 행복하다면 나도 행복해 질 수 있고, 누군가 불행하다면 나도 불행해 질 수 있다는 지극히 평범한 진리를 수용해야만 한다. 그래서 삶의 맛을 느낄 수 있어야 한다. 매운 맛, 신 맛, 짠 맛이 있는가 하면 쓴 맛, 떫은 맛이 있고, 단 맛도 있다. 맛은 맛대로 특성을 가진다. 좋지 않은 일은 나를 다 비켜 가는 것이 행운이라고 생각한다면 그는 행운의 의미도 맛도 제대로 모르고 있는 사람이 아닐까. 여러 가지 삶의 맛 속에 행복의 맛은 숨어 있고, 다양한 삶의 맛을 느낄 때 행복의 맛도 느낄 수 있을 것이다. 삶의 맛은 곧 사는 맛, 살 맛이다.

시간과 돈

어느새 가을의 문턱에 들어서고 말았다.

덥다고, 여름을 어떻게 살 거냐고 인사를 했던 우리는 아침저녁으로 서늘해진 공기를 느끼며 세월의 빠름을, 시간의 빠름을 한 번 더 느끼게 된다.

한국과 미국의 차이를 시간의 표시로 느꼈던 적이 있다. 콜롬비아대학에 갔을 땐데 유사시 경찰의 도착시간을

60초로 안내한 것을 보며 왜 1분이 아니고 60초일까를 생각했었다. 우리나라에선 5분 거리, 3분 거리란 표현을 쓰지만 같은 시간인데도 분과 초는 받아들임에 있어서 많은 차이가 났던 것이다.

하기야 한두 시간, 사나흘, 두세 해 등 딱 얼마라고 얘기하지 않음에서 오히려 넉넉함과 여유를 느끼게 하는 게 우리 민족이다. 그런 우리는 하루를 나타냄에 있어서도 한 나절, 반나절의 단위를 쓰지만 스물 네 시간의 하루를 분으로 나타내면 1,440분, 초로 나타내면 86,400초가 된다.

시간은 금이라고 했으니 일 초를 일 원으로 계산한다 해도 86,400초는 86,400원이 된다. 매일매일 누군가가 내 통장에 86,400원씩을 넣어주는데 그걸 오늘 중에 쓰지 않으면 없어져버린다 한다면. 매일 들어오는 돈이니 그냥 쓰고 보자는 사람도 있을 테고, 쓸데가 없다고 오히려 돈

의 많음을 불평할 수도 있을 것이다.

성경에 보면 이스라엘 민족이 애굽을 나와서 광야 길을 갈 때 하나님께서 만나떡와 메추라기고기를 내리셨다고 했다. 그런데 그것을 그 날 꼭 먹을 만큼만 거두어야지 많이 거두어도 남는 것은 못 먹게 되어버리는 것이었다. 꼭 그 날에, 꼭 필요한 만큼만 거두어 가라는 것이다. 하나님께서는 인간에게 시간에 대한 가르침을 만나로 주신 것은 아녔을까 하는 생각을 해 본다.

시간은 사람을 기다려 주지 않는다고 했다. 그러나 시간의 가치는 놓쳐버린 후에야 깨닫게 된다. 아찔한 사고의 순간을 피한 후이거나, 육상선수의 놓쳐버린 금메달의 0.1초는 당해보지 않으면 실감키 어려울 것이다. 하루 86,400초, 이 한 날의 현재present야말로 내가 받은 최고의 선물present일 것이다.

비 개인 날 아침

금년 여름은 마지막까지 비의 잔치를 한 것 같다. 비도 웬만큼 내린 것이 아니라 참 무지막지하게도 쏟아 붓는 비였다.

지난해의 비 피해 기억이 채 지워지지도 않은 때에 내린 금년의 비는 더욱 모두를 긴장케 했다. 다행히 내린 비의 양에 비해 피해는 그렇게 크진 않았다지만 올 농사가 어떻게 될까 불안한 마음을 떨쳐버릴 수가 없다. 아무리 과학문명이 발달한 현대라지만 자연 앞에선 참으로 하잘것없는 존재일 뿐인 인간, 그런데 그런 인간이 겁 없이 자연을 무시하고 덤벼들며 훼손하고 모양까지 바꾸려 드니 자연이라고 어찌 가만히 있겠는가.

매년 겪는 피해와 불안도 따지고 보면 자업자득으로 자연의 순리와 질서를 무시한 인간 행동의 결과가 아닐까 생각된다. 인간 또한 자연의 일부가 되어 질서에 순응하며 살아갈 때 그들이 부여하는 혜택도 누릴 수 있을 텐데 말이다.

오랜만에 비개인 아침을 맞는다. 아침에 일어나면 얼마나 비가 많이 내리고 있나부터 살피곤 했는데 햇빛 밝은 날은 아니지만 그래도 비개인 아침은 매우 기분이 좋다.

사람의 삶도 마찬가지일 것이다. 어떤 이는 지루한 장마같이 풀리지 않은 삶의 나날을 오래도록 겪는가 하면, 어떤 이는 맑은 날을 맞기도 하겠지만 대개의 사람들은 흐린 날과 개인 날, 비 오는 날을 두루 겪으며 사는 게 일반적이다.

'비가 온 후에야 무지개를 볼 수 있다.'고 누군가 말했었다. 맞다. 비가 온 뒤가 아니면 아름다운 무지개는 볼 수 없다. 결국 흐린 뒤에 맑은 날이요, 비온 후의 무지개는 우리 삶의 상식으로 꼭 좋은 일만 계속되는 것이 아님을 말함일 것 같다. 삶은 이것을 얼마나 슬기롭게 이해하고 인내하고 이겨내는가 하는 것이라 생각된다.

비개인 날 아침, 하늘을 본다. 언제 그랬느냐싶게 어제까지 그렇게 쏟아지던 비의 흔적을 찾아볼 수 없다. 지난 것은 지난 것으로 묻어두고 새롭게 한 날을 맞을 일이다. 오늘은 비개인 날 아침, 밝고 맑게 살아야 할 참으로 소중한 한 날이다.

여행이란 공부

끝없이 펼쳐진 바다는 마치 넓은 보리밭 같다. 파란 보리밭을 맨발로 마구 밟으며 달리고 싶은 충동이 인다. 그렇게 달려가면 저 끝에서 내가 전혀 예상치 못했던 무언가가 기다리고 있을 것만 같다.

흑산도와 홍도 여행을 가게 되었다. 비가 내릴 것이라는 예보에도 그깟 비쯤이야 하는 마음으로 나섰다. 서울에서 특별열차 편으로 내려가 목포에서 흑산도행 배를 탔다. 밤내 기차에서 시달린 탓인지 배에 오르자 졸음이 몰려왔지만 어떻게 만든 기회인데 잠을 자겠는가. 멀어져가는 목포항을 뒤로 하고 115km의 뱃길 항해가 파도를 가르며 힘차게 전개되었다.

끝없이 펼쳐진 바다는 마치 넓은 보리밭 같다. 파란 보리밭을 맨발로 마구 밟으며 달리고 싶은 충동이 인다. 그렇게 달려가면 저 끝에서 내가 전혀 예상치 못했던 무언가가 기다리고 있을 것만 같다.

여행은 나로 돌아오기일 것이다. 섞이고 묻혀져 있던 것들로부터 나를 떼어놓고 혼자가 되어보며 내가 세상과 어떻게 연결되어 있었고 그 연결이 어떤 관계를 만들고 있었는가를 깨닫는 것이다. 삶이라는 얽힌 실타래에서 한 쪽 끝을 찾아내어 풀려갈 때까지 나가보는 것이 여행이 아닐까 하는 생각이다.

때론 삶으로부터 벗어나 또 다른 세상을 경험하는 것, 그것이 내게는 명상이고 수행이었다. 여행을 떠날 때는 따로 책을 들고 갈 필요가 없었다. 세상이 곧 책이었다. 기차 안이 소설책이고, 버스 지붕과 들판과 외딴 마을은 시집이었다. 책장을 넘기면 언제나 새로운 길이 나타났다. 나는 그 책을 읽는 것이 좋았다. 그 책에 얼굴을 묻고 잠드는 것이 좋았다.

—류시화의 <지구별 여행자> 중

인생이란 끝나는 날까지 해야 하는 공부라지만 여행이야말로 분명 새로운 것을 알게 하는 공부였다. 아니 새로운 인식의 순간이다. 소중한 것, 필요한 것이 무엇인지, 그리고 세상일이란 내가 하고 싶다고 다 하고, 하기 싫다고 안 할 수 있는 게 아니라는 아주 기본적인 깨달음부터였다.

잃어버린 마음을 찾아

우리의 마음속엔 처음엔 소박하고 순전한 마음으로 꽉 차 있지 않았을까? 그것은 사람도 자연의 일부요, 하나님의 선물이기 때문이다.

그러나 살아가면서 우리는 조금씩 눈에 보이는 것들에 욕심을 내며 그것들을 마음에 끌어들이게 되면서 원래 가지고 있던 심성들을 밀어내기 시작했다. 그렇게 된 어느 날 급기야 새로이 밀고 들어온 것들에 원래의 마지막 것이 자리를 내주게 되는 순간 사람은 신의 품성을 죄다 잃어버린 전혀 다른 사람으로 바뀌게 된 것이 아닐까.

세상이 각박해지고 사랑이 엷어진 것도 바로 이런 마음의 변화에 기인한 것 같다. 이런 우리의 마음에 잃어버린 원래의 마음을 다시 맞아들여 보면 어떨까.

밤하늘에 한가로이 떠있는 달빛의 여유로움도, 나뭇잎에 떨어지는 빗방울 소리도, 시나브로 밝아오는 새벽빛도 맞아들이고, 어린 날 매캐한 생솔가지 타던 냄새까지도 불러들인다면 우리의 마음은 원시의 숲을 거닐며 감동적인 시 한 편을 가슴에 키우는 것만큼 맑고 밝아질 것 같지 않은가.

어쩌면 요즘 우리의 삶에 하얀 종이 같은 침묵과 깊은 산속 같은 고요가 더더욱 필요할지 모르겠다. 오히려 너무 많은 소리, 색채, 정보들이 우리 마음 공간을 온통 차지해 버렸기에 우리 마음은 원래의 것이 무엇인지조차 모를 혼돈에 빠진 게 아니던가.

작은 물건 하나를 잃어버려도 한동안을 못 견디게 아까워하고 그것을 찾아보려 갖은 애를 쓰면서도 정작 지니고 있어야 할 우리의 본 마음들은 죄다 잃어버리고도 찾을 줄 모른다면 신이 우리 각자를 빚어내어 지니게 했던 처음 기대값의 내 모습, 내 삶은 영영 회복할 수 없을 것이다.

어쩌면 순수를 따라 순연한 마음을 빚어내는 일이야말로 아름다운 삶을 만드는 일이며 그런 마음일 때 좋은 마음의 좋은 삶이 되지 않을까 싶다.

높은 산에서 가장 모진 바람을 많이 탄 나무로 악기를 만들었을 때 신비로운 맑은 소리를 내게 된단다. 아무의 손길도 타지 않고 오랫동안 비밀히 숨어있던 백토만이 아름다운 백자를 빚어낼 수 있다고 한다. 신이 인간에게 선물한 처음의 순수한 마음을 다시 맞아들일 때 비로소 우리의 삶도 진솔한 맑은 소리와 맑은 빛을 내게 되지 않을까. 그래서 잃어버린 우리의 마음을 찾는 행로도 끊이지 않는 것이리라.

평화

사람들은 평화를 동경한다. 이 세상에 평화를 사랑하지 않는 사람은 없을 것이다. 그러나 정작 어떤 것이 평화냐고 묻는다면 분명한 대답을 하기가 쉽지 않다. 만져볼 수 있는 것도 아니고, 보아서 이것이다 하고 말할 수 있는 것도 아닌 평화, 그렇다면 평화는 추상적인 것이고, 그냥 느낌으로만 알 수 있는 것일까.

영국의 한 곳에서 평화를 주제로 한 미술대회를 열었단다. 많은 작품들이 응모되었는데 뜻밖에도 최우수작은 무섭게 내리 떨어지는 폭포그림이었다. 얼핏 보면 평화와는 아주 거리가 먼 것 같아 보이는 그런 그림이었다. 그런데 그림을 자세히 보니 급류가 떨어지는 폭포의 중간쯤에 불쑥 튀어나온 바위 끝이 보였는데 그 바위 끝부분에 어미 새가 앉아 새끼들에게 먹이를 먹여주고 있지 않은가. 무시무시한 폭포소리나 바람이나 물줄기의 존재에는 전혀 아랑곳 않고 엄마로부터 먹이를 받아먹고 있는 새끼 새를 보면서 평화로움을 느끼지 않을 사람은 없을 것이다.

평화란 죽은 듯 고요한 것을 말함은 아닐 것이다. 그러나 아무리 시끄럽고 요란한 곳이어도 엄마 품에 안긴 아기는 그저 편안하게 잠을 잔다. 귀가 찢어질 것 같은 큰 소리의 음악을 들으며 오히려 젊은이들은 가슴 가득 기쁨과 평화를 느낀다.

현대인의 특징은 불안과 초조와 두려움을 끼고 사는 것이라고 한다. 그래서 늘 여유가 없고, 조급해 하고, 쉽게 불안해하고 아주 하찮은 일에도 화를 내거나 서운해 한다

하지만 아침에 집을 나서다 화단에 피어있는 작은 꽃 한 송이를 만나고, 이름 모를 새의 지저귐을 들을 때 우린 이상하리만큼 마음에 큰 기쁨과 평화를 안게 된다. 삶이 힘들고 지쳐 있을 때도 멀리 다른 곳에서 쉼과 위로를 찾는 것이 아니라 오히려 그 힘겨움과 지침 속에서 위로와 평안을 찾아내는 때가 많다.

거대한 폭포 속 뾰족 나와 있는 바위 끝에서 새끼 새

를 보호하는 어미새는 그 큰 소리와 상황이 두려움이 아니라 다른 모든 것으로부터 오히려 그들을 지켜주는 최상의 안전한 피난처요 평화의 터라 생각했을 것이다. 오늘 우리에게 바로 그런 용기와 지혜와 마음이 필요한 것이 아닐까. 평화는 어디로부터 그냥 와 주는 것이 아니라 오직 내가 만들어서 누려야 하는 것 같다.

화암畫岩동굴에서

자연 앞에 겸손히 서고 보면 한없이 작아져 보이는 것이 인간일 것이다. 강원도 정선에 있는 화암畵岩동굴과 만났다. 일제강점기인 1922년부터 1945년까지 금을 캤던 천포광산泉浦鑛山이었던 것이 지금은 폐광이 되었는데, 금을 캐나가다 발견했던 천연 종유동굴에 금광 갱도를 이용하여 '금과 대자연의 만남'이란 주제로 테마형 동굴을 개발한 것이다.

1.8km의 동굴 전체를 5개의 장으로 구성하였는데 5개의 장 모두 볼거리가 넉넉했지만 특히 마지막 천연종유동굴의 대 광장은 참으로 장관이요 경이로움이었다.

90여 분의 시간 동안 온 몸에선 여름이 달아나 버렸고 오히려 소름이 돋을 만큼 냉기를 느끼게 했는데 쾌청한 차가움은 기분을 한껏 상쾌하게 해 주었다. 무엇보다 동양 최대라는 유석폭포, 대형 석순과 석주는 대자연의 신비 앞에서 더욱 나를 겸손하게 만들었다.

잘났다고 아무리 으스대어 봐야 별 것 아닌 존재라는 것을 자연 앞에 서면 이렇게 금방 알게 되는데 어찌 사람들은 도토리 키재기로 분수도 체면도 아랑곳 않고 저만 잘났다고들 하는지 모르겠다. 그래서 사람들은 그런 자연을 지배해 보려 마구잡이로 개발하는 것은 아닐까.

무더운 여름이 간 곳 없이 냉기가 풍겨오는 동굴에서

남은 욕심을 마저 버린다. 무엇보다 겸손하고 진실해야겠다는 생각을 한다. 겸손은 남을 배려함이요, 진실은 자기에게 솔직함이다. 남에 대한 배려와 자기에게 솔직함은 함께 살아가는 삶의 기본이다. 시원한 동굴 안을 거닐며 더울 때 시원함을 주는 사람, 부담이 아니라 편안함과 즐거움이 되는 사람을 소망해 본다. 자연은 이처럼 그 자리에 가만있는 것 같지만 늘 우리와 함께 하면서 사람답게 살도록 깨우침을 주는 스승이다.

더위도 피하고 삶의 방향도 확인하고 나를 재충전하는 일석삼조의 귀한 기회를 화암동굴에서 맞는다.

더욱 사랑하게 하소서

사랑은 보이지는 않으나 느낄 수 있는 것
잡을 수는 없으나 담을 수는 있는 것
나눌 수는 없으나 합할 수는 있는 것
그래서 둘이 마주보면 그냥 가슴이 뛰는 것

남매 중 딸아이가 지난 3월 결혼 후 먼 나라로 떠나버린 허전함이 큰데 하나 남은 아들 녀석마저 또 떠날 차비를 서두르고 있다. 며칠 후면 결혼을 하고 바로 미국으로 떠날 터인데 그래서인지 마음이 착잡해진다. 품 안에 자식이라고 아이들이 장성하면 의당 저희 갈 길을 가게 마련이건만 막상 부모의 품을 떠나 저희들만의 길을 간다고 생각하니 서운함이 생각보다 크다.

같이 있었다고 해도 저희들 자라는 일에 의지가 되어준 것뿐이지만 이젠 그나마도 시효가 끝난 꼴이니 그저 건강하게 저희 갈 길 잘 가기만을 바랄 뿐이다.

아이의 결혼식을 위해 그런 내 마음을 적어 순서지에 넣기로 했다.

사랑은 보이지는 않으나 느낄 수 있는 것
잡을 수는 없으나 담을 수는 있는 것
나눌 수는 없으나 합할 수는 있는 것
그래서 둘이 마주보면 그냥 가슴이 뛰는 것

오랜 날 전 하늘의 선물이었던 작은 생명이
부모라는 텃밭에서 자라나길 여러 해
어느 날 사랑이란 별빛으로 서로의 손을 잡았을 때
아 그날은 어찌 그리도 밝고 부신 날이었는지

하늘이 처음 열리던 날이 이랬을까
장마 끝 내린 햇빛 밝음이 이랬을까
겨울 끝 땅위로 내민 새싹이 맡은 세상 냄새가 이랬을까
그 날은 처음인 것 새 것인 것
그 새로움과 신비로움이 만나던 날

아직 참 사랑이 무언지 잘은 모르나
살아가며 키우고 가꿀 아름다움
세상에 나보다도 더
사랑해야 할 사람이 생긴다는 건
얼마나 아름답고 행복한 꿈이겠나

2007년 9월 가을빛이 여무는 날
아들아 딸아
너희는 사랑을 위해 태어났느니
사랑하기 위해 태어났느니
사랑받기 위해 태어났느니
그러니 이젠 사랑만 하게 하소서
처음보다 더 많이 이전보다 더 절실히
사랑으로 넘치게 하고 사랑하게 하소서

부모의 마음이란 누구나 마찬가지일 것이다. 자식이 어딜 가건, 어디 있건 그저 몸 건강히 자기들 일을 잘 해나가는 것 이상으로 바랄 게 없다. 그래도 전화조차 자주 할 수 없는 딸아이에 비해 아들아이완 어느 때고 연락이 가능할 테니 그나마 다행이다. 모쪼록 새로운 삶의 길을 내딛는 세상의 내 아들들에게 사랑이란 이름으로 힘껏 화이팅을 외쳐본다.

하늘로 흐르는 강물

지천의 하얀 억새꽃이 바람을 따라 하늘대고 있다. 높은 하늘에 햇볕도 밝은 날, 계단을 오르며 맑은 공기를 마음껏 심호흡한다. 300여 계단을 오르니 사람도 바람도 하나같이 햇볕바라기를 하고 있다.

하늘 공원, 끝없이 펼쳐진 억새밭이 눈과 마음을 사로잡는다. 펼쳐진 장관 앞에 탄성을 지르고 만다. 뿐인가. 북쪽으로 북한산, 남쪽으로 한강, 서쪽엔 행주산성, 아름다운 서울의 모습이 한 눈에 보인다.

억새는 갈대와 분위기부터 다르다. 갈대는 밤이 되면 슬픈 노래를 부른다. 바람이 지날 때마다 서걱대며 달빛 내리는 강가에서 차가운 바람과 밤공기를 이겨낸다. 그러나 억새는 낮의 꽃이다. 하얀 꽃대를 영광처럼 휘날리며 따스한 햇살을 몸에 받아 여린 은빛으로 바꾸어 반사해 낸다. 즐거운 춤사위로 군무를 연출해 내고 바람과 숨바꼭질을 하기도 하고 바람 소리를 대신 내 주기도 한다.

하늘공원은 난지도에 있다. 원래 난지도는 난초蘭草와 지초芝草가 자라고 철따라 온갖 꽃이 만발하는 아름다운 섬이었다. 물이 맑고 깨끗하여 새들의 먹이가 되는 수생

동물이 풍부해 겨울이면 수만 마리 철새들이 날아드는 자연의 보고였다. 그러던 것이 쓰레기 매립장이 되었던 것을 이렇게 아름다운 공원으로 바꾸어 낸 것이다. 이제 억새꽃은 난지공원의 상징처럼 되었다. 꽃들은 저마다 목을 들어 하늘을 향하고 있다.

흐르는 것 어이 강물뿐이랴
계곡의
굽이치는 억새꽃밭 보노라면
꽃들도 강물임을 이제 알겠다
갈바람 불어
석양에 반짝이는 은빛
물결의 일렁임
억새꽃은 흘러흘러
어디를 가나
위로위로 거슬러 산등성 올라
어디를 가나
물의 아름다움이 환생해 꽃이라면
억새꽃은 정녕
하늘로 흐르는 강물이다

—오세영 <억새꽃>

시인이 하늘로 흐르는 강물이라 노래한 이유를 알겠다. 모든 것은 흘러간다. 시간도 물도 그리고 나도 흘러간다. 은빛 물결 출렁이며 하늘로 흐르는 강, 내 마음도 억새꽃 따라 하늘로 흘러간다. 구름 한 점이 그런 내 마음인 양 맑은 하늘에 잘도 흘러간다. 나도 하늘로 흐르는 강물에 합류한다.

하루가 다르게 여름이 짙어지고 있다. 저만치 앞서간 누구를 좇기라도 하듯 우리도 무언가에 끌려 앞으로만 달려 나가고 있다. 비둘기호, 무궁화호, 새마을호를 거쳐 KTX라는 고속열차를 타고서도 더 빨리 못 간다고 발을 구르고 있다. 무엇이 우리 발걸음을, 우리 마음을 이리 급하게 만드는 걸까.

간이역

웬만한 역은 다 지나치고 몇 개 역에만 잠시 멈췄다 가는 고속열차, 그러나 삶은 그렇게 고속질주만이 능사가 아니란 걸 우린 너무나 잘 알고 있다. 오히려 간이역도 놓치지 않는 열차를 타면 마음이 더 여유로워지고, 설혹 그 역에 설 수 없으면 잠깐 속도를 늦춰서라도 역인 것을 인정해 주고 간다.

스스로 여유를 만들지도 찾지도 못하고 살아가는 현대인에게 간이역은 커다란 쉼표가 되어 숨고르기를 시킨다.

삶은 항상 낯설 수밖에 없는 미래인 법, 우린 그렇게 생의 여행을 한다. 구도자처럼, 때론 방랑객처럼 길을 가다 우연히 마주친 간이역, 거기서 만남과 추억과 사랑을 만든다.

기차는 경적을 울리며 미래로 달립니다. 이별이 어찌 서러움이… 숨쉬듯 따라가는 당신이여, 이 간이역에서 다시 그대와 만날 것을 오늘도 힘 있게 약속을 되뇌입니다. 간이역은 이별의 슬픈 눈물로 세워진 작은 도시입니다.

—박목월 <간이역> 중에서

나는 간이역을 좋아한다. 간이역엔 삶의 진실과 처방이 있다. 분수껏 사는 모범이 있고, 어떻게 살아야 할지 방도를 깨닫게 한다. 때로 안타깝고 가슴이 아파오는 것은 마치 내 초라한 실체를 보는 것 같기 때문이다. 그러나 어느 날 간이역에 섰을 땐 가슴이 시리다. 아무도 눈여겨 봐 주지 않고 씽씽 지나쳐 가는 기차를 보며 홀로 슬픔

을 삭인다. 남은 간이역들도 하나 둘 사라지고 있다. 편리 위주로 살아가는 현대인에겐 간이역은 더 이상 필요 없는 존재다.

그러나 눈물과 회한, 고통과 슬픔, 절망이 있기에 삶도 그만큼 귀하고 아름다운 것인데 사람들은 그저 기쁨과 행

복만을 바란다. 우리 삶 간이역은 향수처럼 쉼표로 품고 살아야 할 고향이다. 그대를 미래란 이름으로 기다리는 마음이다. 그래서 마음속에 간이역 하나씩을 품고 사는 사람에게겐 꿈도 희망도 메마르지 않는다.

기다림

사람은 기다림의 동물이다. 내일을, 미래를 그리고 보다 나은 삶을 기다린다. 기회를 기다리고 아름다운 배우자를 기다린다. 그렇게 기다림을 통해 행복을 이루고 삶의 보람을 가꿔간다. 기다림은 희망이고 사랑이고 믿음이다.

사람은 당첨된다는 보장도 없는 복권을 사고 그 복권을 갖고 있는 것만으로도 큰 위안과 행복을 느끼며 살아간다. 나에게 행운을 가져다 줄 지도 모른다는 기다림, 내게도 행운이 올 거라는 기대감, 그런 기다림이 오늘을 더 열심히 살게 하고 힘이 들어도 이겨내며 지치지 않게 한다.

정거장에서 차를 기다려본 사람은 알 것이다. 꼭 차가 올 것이라는 믿음이 있기에 불안해하지 않고 기다린다. 조금 늦어지더라도 오긴 올 거라는 믿음은 약속으로 맺어 있기 때문이기도 하리라. 약속이 되어 있으면 기다림은 더욱 즐겁고 행복해 진다.

몇 년 전 미국 맨하탄에서 길게 줄을 지어 기다리고 있는 행렬을 보았다. 추운 날에 무얼까 하도 궁금하여 그

긴 줄을 거슬러 앞으로 가보았다. 그곳은 팝콘을 파는 가게였다. 사람들은 팝콘 가게 앞에서 방금 튀겨져 나온 팝콘을 사기 위해 줄을 서 있는 것이었다. 팝콘이 얼마나 맛이 있는데 저럴까. 그런데 사람들은 그 기다림 속에서 서로 인사를 하고 대화를 하며 참으로 즐거운 시간을 보내고 있었다. 그런 긴 기다림 끝에 받아든 한 봉지 팝콘이니 더욱 맛이 있을 것 같았다.

그들 모습을 지켜보면서 우리네 같으면 그냥 팝콘 한 봉지만을 기다리며 묵묵히 그 긴 줄을 따라만 가고 있을 텐데 저들은 참 생산적인 삶을 사는구나 하는 생각을 했었다. 목적을 이루어 가는 과정을 단순한 기다림만이 아닌 또 하나 생산 활동으로 활용하는 지혜로움이다.

넓은 바다에 나가 그물을 드리우고 고기 떼를 기다리는 어부의 마음처럼 우리 삶의 매 순간도 그런 기대와 설렘의 기다림이면 훨씬 즐겁고 신나는 삶이 되지 않을까. 밤이 깊으면 새벽이 멀잖다. 기다릴 줄 아는 여유로움과 믿음이 더욱 아쉬운 요즘이다.

딸아이의 전화

지구 반대편 남미 파라과이에 가 있는 딸아이로부터 전화가 왔다. 너무 걱정하실 것 같아 전화를 한다고 했다. 꿈에 아빠가 보였는데 혹 무슨 일이 있는 건 아니냐고 물었다. 나는 잘 있다만 너희들 소식이 너무 없어 걱정했다고 하니 아침 6시부터 저녁 7시까지 시간 가는 줄 모르고 일을 해야 하고 집에 잠시 들어왔다가 다시 지역

민을 위해 나간다고 했다. 아이의 성격이 너무 무리를 자초할 것 같아 항상 걱정인데 현지 상황 또한 그런 것 같다. 그래도 목소리를 들으니 조금 마음이 놓인다. 지구의 반대편, 내가 쿵쿵 발을 구르면 들을 것 같은 이곳과 꼭 반대편 나라에서 딸아이 부부는 선교사역을 하고 있다.

지난 3월 3일 결혼식을 올린 후 한 달여의 합숙훈련을 받고 바로 비행기를 세 번이나 갈아타고 간 나라, 우리나라 1960년대의 삶보다도 못한 그곳 사람들에게 과연 무엇을 얼마나 줄 수 있을지 모르지만 젊은 신혼부부가 헌신과 사랑의 씨를 뿌리고 있다는 사실만으로도 희망적이고 감사하고 기특한 일이다. 그러나 통신 사정이 열악하여 내가 전화를 걸 수도 없는데 아이가 어렵게 기회를 만들어 통화가 되었으니 오래 얘기라도 나누고 싶었지만 빨리 나가봐야 한다며 몇 마디 못 하고 끊어버려 안쓰러운 마음만 더해진다.

하지만 딸아이의 목소리는 전화가 끊긴 뒤에도 오래도록 남아 있다. 썩은 시궁창 물에서 놓아기르는 돼지새끼와 아이들이 같이 뒹굴며 지내고, 15세면 아이를 낳는 모계사회라 30세면 보통 6~10명의 아이를 거느린다고 한다. 그러다가 아이들을 그냥 놔두고 스페인으로 돈을 벌러

가기도 한단다. 그들 모습이 눈에 선해 아이와 전화 중에도 가슴이 아파온다. 그들에게 우린 무엇을 얼마나 줄 수 있을까.

'그래 고맙다. 전화 주어서. 사랑한다.' 전화를 끊으면서 참 많은 생각을 한다. 우린 이만큼의 좋은 환경, 건강, 주어진 내 일에도 감사할 줄 모른다. 딸아이의 전화를 끊고 참 많은 감사를 한다. 딸애완 언제 다시 통화를 하게 될지 모르는데 우린 언제라도 전화를 할 수 있지 않은가. 얼마나 큰 감사 조건인가. 딸아이의 다음 전화를 기다리며 오늘은 모든 것에 감사하고 싶다

행복한 설렘

사람들은 미래를 알 수 없어서 불안하다고 한다. 그러나 미래에 대해 불안해 할 것이 없는 것이 미래는 내 것이 아니기 때문이다. 하기야 현재라고 어디 내 것이겠나. 모두가 신이 주신 선물의 시간일 뿐이다. 주어서 쓰고 누리게 하시는 신의 은총이다.

친구의 이야기가 생각난다. 그는 아이들의 장래에 대해 전혀 걱정하지 않는다고 했다. 오히려 그들 삶에 대한 기대로 가슴이 뛴다고 했다. 저들은 당연히 저들의 삶을 아주 잘 펼쳐 갈 것이다. 그런데 그들이 펼쳐 갈 삶의 매 순간순간이 그렇게 기대가 된다는 것이다. 만일 그들의 미래를 미리 알 수 있다면 그야말로 얼마나 재미없는 삶이겠느냐고 했다.

알 수 없는 미래에 알 수 없게 펼쳐질 그들의 삶은 그야말로 행복한 기대와 설렘으로 가득한 행복 자체가 아니겠느냐고 했다. 어떤 모습, 어떤 크기일까. 어떤 모양, 어떤 색깔일까. 힘들고 어려울 수도 있고, 순탄하고 평안할 수도 있겠지만 어떤 형태로건 나하고는 많이 다를 그들 삶의 모습들이 그렇게 기대된다고 했다.

주어진 삶에 대해 그들은 역량을 최대한 발휘하여 최선의 삶을 살 것이고 그게 삶의 맛이 아니겠느냐고 했다. 그것은 모든 것에 대한 긍정이고 희망일 것이다. 자신에게 주어지는 환경, 상황, 조건들을 오로지 자신이 건너고 넘어야 할 과제로 여기며 그걸 통해 삶의 보람과 성취감과 베풀고 나누는 맛을 본다는 것이다.

희망이 있는 사람에겐 다가오는 것, 알지 못하는 것들이 불안이나 두려움이 아니라 행복한 설렘이 된다.

맞다. 우리 삶이 행복하려면 바로 이런 설렘이 있어야 할 게다. 신혼 첫날밤의 설렘, 첫 출근의 설렘, 유치원

입학식 날의 설렘 같은 그런 설렘으로 세상을 산다면 우린 훨씬 아름답고 신나는 삶을 살게 되지 않을까. 나도 오늘을 그런 행복한 설렘으로 살아야겠다.

아름다운 소식

멀리 떨어져 있는 가족에게서 좋은 소식이 들려오는 것은 얼마나 기쁜 일인가. 마음은 늘 그곳에 가 있어도 정작 어찌 해 볼 수 없는 안타까움으로 마음만 졸이다 그래도 가끔씩 전해오는 소식에 위안을 받곤 하는 것이 사실이다.

우리 집 네 식구도 같이 산다고 해야 서로들 바빠 얼

굴 마주할 기회가 별로 없었건만 막상 결혼을 하고 자기들 일을 찾아 먼 나라로 떠나고 나니 그 허전함을 더욱 말로 할 수가 없다. 가까이 있다는 생각만으로도 서로 든든한 것인데 지구 반대편으로 떠나 밤과 낮을 서로 다르게 사는 저들을 생각하면 그저 걱정뿐이다. 그런데 요 며칠은 참으로 기분이 좋다. 요즘 아이들 표현으로 짱이다. 미국으로 간 아들 내외가 한달여의 고생 끝에 좋은 집을 구해 들어갔고 차도 마음에 드는 것을 샀고 각기 학업에도 잘 적응해 가고 있다는 소식이다.

거기다 오늘은 더 기쁜 소식을 들었다. 파라과이의 딸아이 내외가 여러 가지 많은 어려움에 처해 있는 중에서 일이 조금씩 풀리는 것 같단다. 더욱이 나이 들어 결혼해 은근히 걱정을 많이 했는데 오늘 임신 7주라는 소식을 전해 왔다. 사실 이들과 이들의 하는 일과 또 아이를 갖는 것에 대해 많은 사람들이 기도의 성원을 해 왔었다. 그 분들에게도 좋은 소식을 전해 줄 수 있어 얼마나 기쁜지 모르겠다.

사람에게 이처럼 한 가지 좋은 소식은 다른 많은 사람에게도 기쁨을 준다. 기쁨은 함께 나누면 두 배가 되고 슬픔은 함께 나누면 반이 된다더니 참으로 그런 것 같다. 내가 할아버지가 된다는 사실이 왠지 낯설게 느껴지기는 하지만 초음파검사를 통해 작은 생명체가 움직이고 있는 모습을 본 딸아이의 들떠있는 목소리엔 신비로움과 감격이 함박 배어 있었다. 내년 7월이면 아이가 태어날 것이라는 의사의 말을 들었으니 힘들고 고된 선교지의 젊은 부부가 얼마나 큰 감사의 기도를 했을지 짐작이 된다.

이 아침 한강을 건너며 달리는 차 안에서 가슴 저 밑바닥으로부터 올라오는 기쁨과 감격을 맞이한다. 내게로 온 이 아름다운 소식처럼 오늘을 나와 함께 사는 모든 이들께도 아름다운 소식으로 넘치는 한 날이 되었음 싶다.

솔바람 소리

청탁 원고에 붙들려 몇 시간째 컴퓨터 앞에 앉아있었더니 머리가 어지럽다. 바람이나 쏘일 양으로 뒷산을 올랐다. 6월 하늘이 곱게 햇살을 뿌리며 고즈넉이 사람을 대한다.

바람이 인다. 향긋한 냄새가 느껴진다
솔향이다.

몇 발짝 걷지 않았는데 송글송글 이마에 땀이 맺힌다. 날씨는 어느덧 여름이다. 신록으로 짙어가는 나무 이파리들이 살랑대며 인사를 건넨다. 저들은 늘 하던 대로일지 모르지만 내겐 더없이 신선한 반김이다. 가만히 손에 닿는 이파리를 쓰다듬어 본다. 여린 푸르름이 손끝에 묻어나고 그 싱그러움은 가슴 속까지 스며든다.

바람이 인다. 향긋한 냄새가 느껴진다. 솔향이다. 좌우로 사열하듯 서있는 소나무들이 잘 왔다며 내보내는 반김의 향기다. 바람도 솔내를 담더니 산위로 열심히 나르고 있다. 잠깐이지만 이렇게라도 생활을 벗어나 자연과 나만의 만남을 갖는다는 것은 얼마나 정겨운 일인가.

어린 날, 내가 살던 집 뒤란은 솔밭이었다. 햇볕이 녹녹한 날 문을 열고 나오면 기다리고 있었다는 듯 솔내가 수줍듯 품 안 가득 파고들었다. 솔내에선 이상하게 흙내도 났다. 맨흙이 드러난 곳이 없는데도 솔내는 꼭 흙내와 함께였다. 하기야 깊게 뿌리내린 흙과의 오랜 교합이니 흙내를 솔향과 함께 내보낼 수도 있겠다.

솔바람이 분다. 나무는 가만있는데도 바람이 나무 사이사이를 요리조리 빠져 다니느라 생기는 바람이다. 밤에 듣는 솔바람 소리는 파도소리를 연상케 한다. 그런데 녀석은 장난꾸러기다. 밤내 그렇게 불다가도 아침이 되면 언제 그랬느냐싶게 조용해진다. 어쩌면 저들은 밤마다 몸추스르기를 하는지도 모르겠다.

솔향을 마시며 심호흡을 한다. 바람소리가 내 숨소리 같다. 솔바람소리는 산의 숨소리다. 살아있는 것들의 숨소리는 이만큼 신선하다. 살아있는 것들과 숨을 나누는 일 그게 살아있음이리라. 솔바람소리로 내 살아있음을 의식한다.

나무들이 일제히 손을 흔들기 시작한다. 솔향 뿐인 줄 알았더니 그게 아니다. 솔바람은 온 산의 풀과 나무들을 흔들어 향기를 내게 하고 있었다. 살아있다는 저들 나름의 아름다운 몸짓으로.

메이데이Mayday와 은방울꽃

오늘 5월 1일은 메이데이, 국제적 노동절이다. 그러나 이 날은 노동자의 노고를 위로하고 근무 의욕을 높이기 위한 순수한 의도로 제정된 것이라기보단 참으로 많은 눈물과 피 흘림의 대가다.

노동절의 기원은 1866년 마르크스가 제1차 인터내셔널

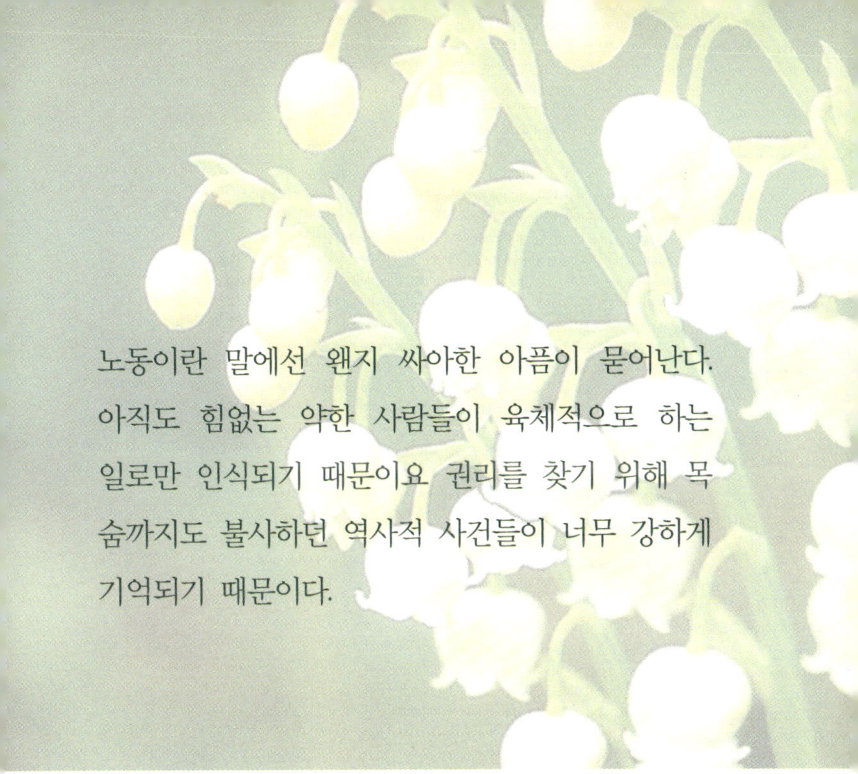

노동이란 말에선 왠지 싸아한 아픔이 묻어난다. 아직도 힘없는 약한 사람들이 육체적으로 하는 일로만 인식되기 때문이요 권리를 찾기 위해 목숨까지도 불사하던 역사적 사건들이 너무 강하게 기억되기 때문이다.

강령에서 8시간 노동제의 법제화를 요구한 이래 19세기 후반 세계 노동운동의 중심적 문제였다. 이런 요구는 미국에서 광범위한 운동으로 전개되었고, 1884년 5월 1일 미국 방직노동자들이 8시간 노동제를 요구하며 쟁의를 시작하자 각 노조가 이에 호응하여 총파업을 단행했다. 2년 후 5월 1일엔 시카고 '노동조합연합회'를 중심으로 8

시간 노동 ·8시간 휴식 8시간 교육을 요구하는 총파업의 단행으로 많은 노동자가 죽고 부상당하고 체포되었다. 이 시위는 1889년 파리 제2차 인터내셔널 대회에 보고되었고, 이 5월 1일은 국제적인 시위운동의 날로 결정되었다

우리나라는 8·15 광복 후 5월 1일 메이데이에서 1963년 한국노총 창설일인 3월 10일로 '근로자의 날'이 되었다가 1994년부터 5월 1일로 다시 바뀌었다.

노동이란 말에선 왠지 싸아한 아픔이 묻어난다. 아직도 힘없는 약한 사람들이 육체적으로 하는 일로만 인식되기 때문이요 권리를 찾기 위해 목숨까지도 불사하던 역사적 사건들이 너무 강하게 기억되기 때문이다.

프랑스 남성들은 메이데이에 연인에게 은방울꽃을 바친다. 1905년 5월 1일 메이데이에 8시간 노동제 요구의 대대적 시위를 벌이는데 이 시위에서 한 젊은 여성노동자가 진압군에 살해된다. 그녀는 손에 한 송이 은방울꽃을 꼭 쥐고 있었는데 죽어가면서도 그녀는 꽃말이 행복인 이 은방울꽃을 놓지 않았던 것이다.

노동절은 은방울의 꽃말처럼 행복을 얻기 위해 싸운

날이었다. 그저 노동자들이 하루를 쉬는 날만이 아니라 노동의 신성함과 그 신성한 노동의 권리와 노동에 대한 응당한 보상을 위해 생명까지 바쳤던 분들을 생각했음 싶다. 그리고 건강한 몸으로 나와 가족을 위해 열심히 일하고, 나라와 사회에 공헌하는 이 아름다운 축복에 감사했음 싶다.

모든 사람은 노동자다. 노동은 권리이며 의무이며 신성하다. 오늘 나도 은방울꽃 한 송이를 누구에겐가 바치고 싶다.

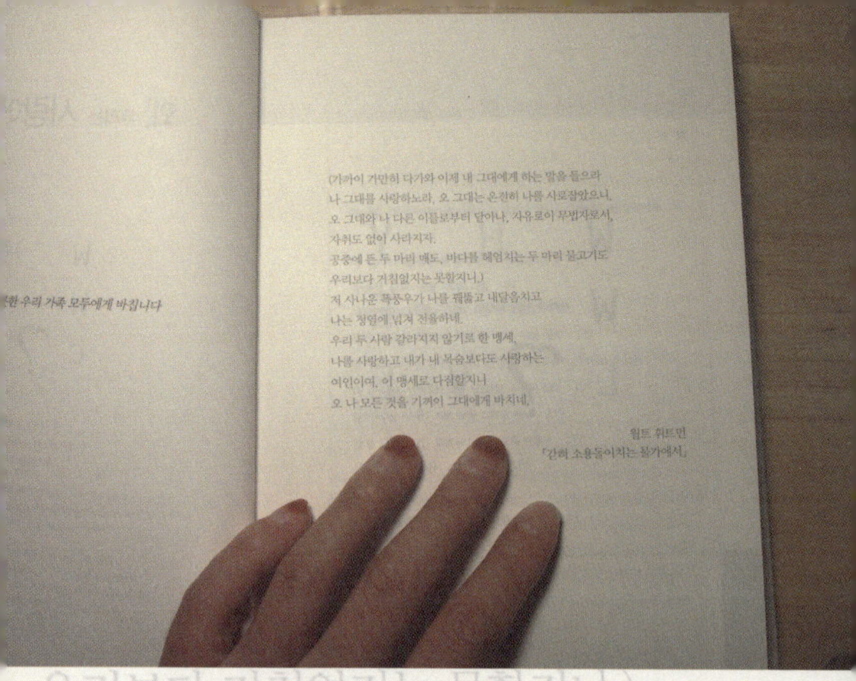

사람의 마음

미래는 꿈꾸는 자의 몫이요, 꾸는 것을 넘어 품으면 꿈은 더 가까이 다가온다고 말한다. CEO들에게 성공의 노하우를 전수하는 일본 최고 경영 컨설턴트인 '간다 마사노리'는 "미래로부터 역산해서 현재의 행동을 결정한다."고 했는데 99%의 인간은 현재를 보면서 미래가 어떻게 되는지를 예측하지만 1%의 인간은 미래를 내다보면서 지금 현재 어떻게 행동해야 될지를 생각한다는 것이다. 그 1% 인간만이 성공을 하는데 성공하지 못한 대부분의 인간은 1%의 인간을 이해하지도 못한다고 한다. 반면에 1%의 인간은 미래에 이룰 모습을 생각하며 오늘을 살아가는데 곧 자신이 목표로 하고 상상하는 것들을 이루기 위하여 현 시점에서 내가 무엇을 해야 할지를 생각하고 움직인다는 것이다.

어느 화창한 봄날, 뉴욕의 공원에서 부랑자가 구걸을 하고 있었다. 그는 "나는 맹인입니다."라고 적힌 푯말을 목에 걸고 있었지만 아무도 그에게 적선을 하지 않았다. 헌데 한 남자가 그에게 다가가더니 목에 걸고 있는 푯말을 무언가로 바꾸어 놓고 그 자리를 떠났다. 그러자 그때까지 누구 하나 자신에게 돈을 주지 않았는데, 그 남자가 왔다 간 다음부터 갑자기 적선하는 사람들이 생겨났다. 부랑자의 적선통은 순식간에 동전으로 넘쳐나고, 사람들이 그를 동정하는 소리도 들려왔다.

무슨 변화가 일어난 걸까. 아까 그 남자가 행운을 주고 간 것일까? 궁금하기 이를 데 없지만 확인할 수도 없었다.

사실 그 남자는 "나는 맹인입니다."라고 적혀 있던 말을 "바야흐로 계절은 바뀌고 있으나, 나는 볼 수가 없답니다."란 말로 바꾸어 놓았을 뿐이었다. 그 남자는 프랑스의 시인 '앙드레 불톤'이었다. 사람의 마음을 움직이는 것은 동정이 아니라 감동이라고 한다.

'나는 맹인입니다.'라는 현실보다 '당신은 볼 수 있는 아름다운 계절의 변화를 나는 볼 수가 없답니다.' 하는 안타까움은 사람들의 마음을 움직이기에 넉넉했던 것이다.

지금보다 미래를 바라보며 살고 그 미래의 모습을 미리 그려보며 사는 사람에겐 아름다운 변화가 찾아오기 마련이다. 그것은 자신에게만 희망적인 것이 아니라 그가 만나는 사람에게도 희망을 주게 된다. 상황을 어떻게 바꾸느냐에 따라 아름다운 성공을 가져올 수 있는 것이다.

담 너머 핀 맨드라미

길 가 아파트 담장 너머로 맨드라미가 고개를 쏘옥 내밀고 피어 있다. 붉으잡잡한 이파리에 새빨간 꽃이 상당히 이국적이다. 담장을 넘을 만큼 키도 헌칠하여 내보인 몸만으로도 꽃보다 못지않다. 그동안 담 밖 세상이 얼마나 보고 싶었을까. 보고픔과 기대감이 더욱 빨리 쑥

쑥 자라게 했을 것 같다.

맨드라미는 정열을 느끼게 하는 꽃이다. 넓적한 꽃대 위에 많은 잔 꽃들이 빽빽하게 무리지어 피는데 그 생김새가 마치 닭의 벼슬처럼 보인다 하여 계관화鷄冠花라고도 부른다.

초등학교에 다닐 때는 꽃씨 모으기 숙제가 있었다. 선생님의 지시에 따라 꽃씨를 받아다 학교에 내곤 했는데 그 꽃씨는 다음 해 학교 운동장가나 학교길 및 화단에 심어지는 학교 꽃이 되었다. 꽃씨 받기가 좋은 것은 나팔꽃, 봇꽃, 코스모스 그리고 맨드라미였다. 나팔꽃이나 봇꽃은 씨방을 따내 손에 쥐면 툭 튀며 꽃씨가 빠져나왔다. 그러나 맨드라미는 꽃 몸 전체가 작고 까만 씨로 덮여있어 보자기를 깔고 손으로 긁어내리면 앙증맞게 아주 작은 까만 씨가 떨어져 내렸다. 그 작고 까만 어디에 생명이 숨어 있다가 나오는 것인지 참으로 신기했다.

담 안과 담 밖, 내가 볼 땐 분명 맨드라미는 담 안에

피었지만 맨드라미가 나를 본다면 오히려 내가 담 안에 있는 것으로 보이지 않을까. 사람들의 생각은 지극히 자기 위주다. 맨드라미에게 안이면 어떻고 밖이면 어떨까. 그저 꽃을 아름답게 피우고 다음 세대를 위해 씨를 잘 맺으면 된다. 사람들이 자기 생각에 맞춰 안팎을 구분했을 따름이다. 그러나 담 밖으로 목을 내밀고 핀 맨드라미가 뭔가 모를 안타까움을 일으킨다.

맨드라미꽃에 손을 갖다 대 본다. 보드라움이 약간 시큼비리한 향기와 함께 전해져 온다. 수많은 잔 꽃들이 모여 이룬 큰 꽃, 사람도 그렇게 더불어 살아야 한다고 말하는 것만 같다.

맨드라미가 환하게 웃고 있다. 그래 너도 나와 같은 시대, 같은 시간을 살고 있는 동지구나. 반갑다. 아침 햇빛이 맨드라미 꽃 위에 조명처럼 내리고 있다.

중산층

오늘 아침 뉴스에선 중산층이라고 느끼는 숫자가 지난해보다 많이 줄었다고 보도 했다. 그만큼 자신의 삶에 대한 만족도나 미래에 대한 기대감이 떨어지고 상대적으로 박탈감 내지 상실감을 느끼는 게 커졌다는 말이리라.

누가 뭐라던 내가 여유롭다고 느낄 때 주머니를 여는 법인데 이렇게 되면 갈수록 소비도 줄 것이고 대다수의 서민들 삶은 더욱 어려워질밖에 없다.

나에 대한 자신감은 무엇으로도 살 수 없다. 그러나

가장 쉽게 얻을 수 있는 것이기도 하다. 곧 내일이면 나아질 수 있다는 기대와 확신, 그리고 지금 여기만 벗어나면 빛의 나라란 희망이 크면 현실의 나보다 훨씬 크고 강하게 나를 평가하게 된다. 그것이 자신감일 것이다. 그 자신감은 개인에만 그치는 것이 아니라 부부, 가족, 동료 그리고 사회 전체에 바로 영향을 미친다.

중산층이 많아져야 그 나라 사회와 경제가 건강해 진다는 사실은 누구나 인정하리라. 한데 왜 사람들은 자신을 중산층이라고 생각할 수 없게 되었을까.

프랑스의 퐁피두 전 대통령은 중산층이 가져야 할 '삶의 질카르테 드비'로 외국어 하나 정도는 할 수 있고, 직접 즐기는 스포츠가 있고, 다룰 줄 아는 악기가 있으며, 남과 다른 맛을 낼 수 있는 요리를 만들 수 있고, '공분'에 의연히 참여할 것 등이었다. 폭넓은 세계 경험을 위해 외국어 하나쯤 구사하고, 정서적 여유를 위해 악기 하나쯤은 다루며, 나누고 돕는 생활을 지속적이고 규칙적으로 하며, 자신의 주장에 떳떳하게 사회적 약자를 도우며, 부정과 불법에 저항하는 것이 중산층의 조건이라는 것이다.

그러나 우리나라는 어떨까. 4년제 대학을 나와 한 직장에 10년 정도 다니고 있고, 가구당 월 평균 수입이 400만원은 넘어야 하고, 30평이 넘는 아파트에 살면서, 2000CC 이상의 중형차는 굴리는 정도가 되어야 중산층이란다.

우리는 너무 물질적 가치만 중요시하는 게 아닐까. 행복은 성적순이 아니라듯 소유순도 아닐 텐데 언제까지 먹고 사는 타령만 해야 하는가. 정신적 여유를 멀리한 물질 중심의 지나친 선호는 결국 우리 마음을 황폐케 하고 말지 않을까. 중산층 그것은 모두에게 희망과 안정의 단어가 되어야 할 것 같다.

눈물

T.V를 켜자 보기만 해도 왈칵 무서움이 몰려드는 거센 흙탕물살이 눈을 어지럽혔다. 그리고 이어 인터뷰하는 사람들의 얼굴엔 슬픔과 원망과 절망이 역력했다. 자연 재해災害라고 말을 돌리지만 그들 표정은 오히려 인재人災라는 아쉬움이 더 짙었다. 말을 다 잇지도 못하고

분노와 절망으로 눈물을 쏟고 만다.

토사土砂에 묻혀버려 지붕만 보이는 집, 잠을 자던 안방이 형체도 없이 씻겨가 버렸고, 동강나 끊겨버린 다리, 전쟁의 참화도 이렇진 않을 것이다.

지난번 물난리 때 큰아들을 잃었는데 눈앞에서 또 작은아들을 물에 빼앗기고 울 힘조차 없어 실신해 있는 어머니의 모습은 차마 볼 수가 없었다.

가까운 일본은 예방을 위해 80% 이상의 재해 예산을 쓴다는데 우리나라는 늘 복구비로 60% 이상을 쓴다는 보도를 접하면서 가슴을 막는 답답함을 어쩔 수 없다.

위험성을 안고 있기에 수차례 다리를 놓아달라고 했었다는데 결국 또 생명을 잃게 만든 이 안타까움을 누구 탓으로 해야 할까. 비용 때문에 그렇게 했다는 말들을 할 수 있을까. 우린 언제부터, 왜 이런 안전 불감증에 걸려 있는 것일까. 눈물이란 만국공통어란 말이 생각난다. 그러나 오늘 보는 저 눈물은 너무 많은 의미를 담고 있는 것 같다.

도로를 뚫고 건물을 세우는 일보다도 더 중요한 건

안전에 대한 대비일 텐데 그렇게만 했다면 저들의 눈물도 상당부분 줄일 수 있었을 텐데 참으로 가슴이 답답하다.

결국 이런 일 후에 보면 피해자는 하나같이 약하고 어려운 이들이다. 눈에 보이는 것만을 중시하고 보이지 않는 것은 적당히 해치우고 숨기는 잘못된 우리의 의식 때문일 것이다. 하루하루 먹고 살기에도 바빠 안전 같은 건 신경 쓸 겨를도 없는 선량한 저들에게 정작 저들의 안전을 책임져 줘야 할 우리는 어떻게 했는가.

눈물 젖은 눈으로 하늘을 본다. 저들의 아픔과 슬픔과 절망의 눈물은 바로 아무 탈 없이 있는 오늘 우리의 눈물인 것을 알게 하소서.

생각은 말을 바꾸고 말은 마음을 바꾼다고

한다. 나도 갑자기 밥이 맛있어 보였다.

사랑의 말

학생식당으로 점심식사를 하러갔다. 별로 밥 생각이 없어 그야말로 한 끼 때우고자 함이었다. 그런데 바로 옆 테이블에 두 남학생이 밥을 앞에 놓고 기도를 하고 있었다. 그리고는 기도가 끝나자 연신 맛있겠다 맛있겠다 하면서 식사를 했다.

같은 음식을 받아 놓고도 나는 한 끼 때운다는 표현을 썼는데 저들은 아닌 것이다. 생각은 말을 바꾸고 말은 마음을 바꾼다고 한다. 나도 갑자기 밥이 맛있어 보였다. 입 밖으로 나온 말에는 엄청난 힘이 있다고 한다. 말은 곧 기도요 주문인 것이다. 그래서 같은 값이면 사랑의 말을 하라고 한다.

정말 잘 했어요

역시 당신이네요

당신하고 떨어져 있으면 왠지 허전해요

지나고 생각해보니 그때 당신 판단이 옳았어요

당신이 있어서 얼마나 안심이 되는지 몰라요

날마다 이 모든 일을 해줘서 정말 고마워요

아침에 눈을 떴을 때, 당신이 옆에 있어서 좋아요

죽을 때까지 내가 사랑하는 사람은 당신뿐이에요

당신은 언제 봐도 멋있어요

난 당신을 믿어요

당신이 나한테 얼마나 큰 의지가 되어주는지 모르죠?

우울하다가도 난 당신만 보면 기분이 좋아져요

내가 세상에서 유일하게 잘한 일이 있다면 그건 당신과 결혼한 일이에요

미안해요, 내 잘못이에요

당신은 어떻게 하고 싶어요?

당신 생각은 어때요?

—스티브 스티븐스 <우리는 다시 만나기 위해 태어났다> 중

말 한마디가 절망에서 희망을 낚게 하는가 하면 그 반대일 수도 있다. 속으로는 걱정이 되더라도 겉으로 잘 될 거라고 하면 잘 될 것 같아 보이지만 부정적인 말로 걱정만 하면 정말 일이 안 풀리는 걸 우린 자주 경험한다.

모두가 힘들다고 하는 때도 상대에게 힘이 되어줄 한마디를 주고나면 받는 사람도 준 사람도 마냥 기분이 좋아진다. 돈도 들지 않는 말, 이왕이면 사랑의 말들을 넉넉히 나누어 서로 서로 기분이 좋아지면 얼마나 좋을까.

'역시 당신이네요', '당신을 믿어요', '사랑해요', '고마워요', 이런 사랑의 말들을 과연 우린 하루에 몇 번이나 하고 살까? 사랑의 말이야말로 내 행복의 옷을 입는 첫 단추 끼우기일 것 같다. 사랑해요.

음악을 들으며

음악을 듣는다. 지하철 역 구내에서 열차를 기다리면서 듣는 음악, 오고가는 전동차의 소음으로 끊기고 묻혀 버리긴 하지만 그 사이사이로 들려오는 음악이 오늘따라 정겹다.

사실 나는 음악에 문외한이다. 그런데 어느 날 음악이 들려왔다. 심란한 마음으로 차를 기다리고 있을 때였

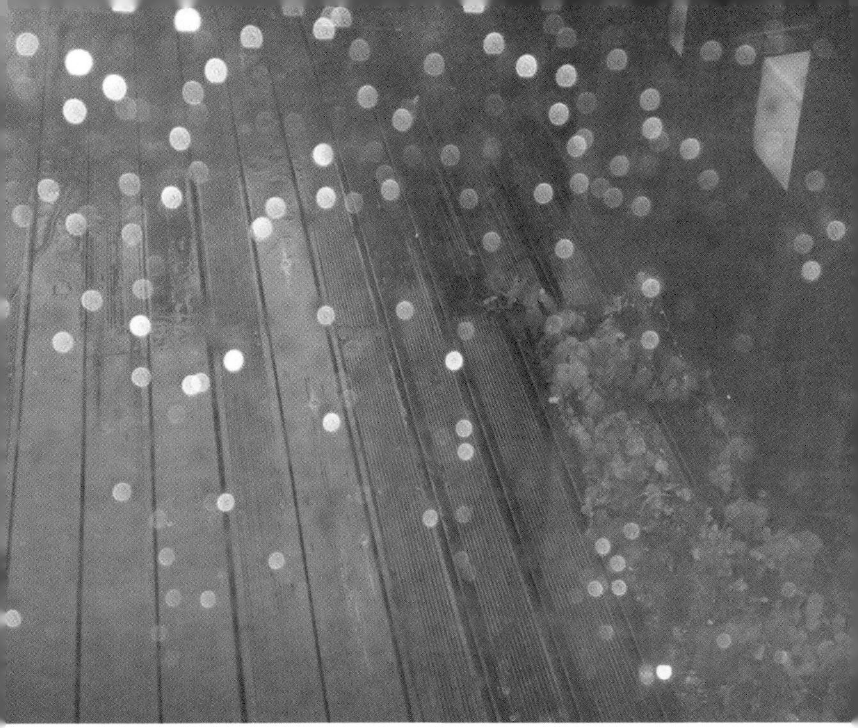

다. 점심시간이 갓 지났을 무렵이었을까. 그런데 차를 기다리는 그 잠시 동안 음악이 내 귀에 들려왔던 것이다.

너무 익숙해 있던 곡, <아드리느를 위한 발라드>였다. 반가웠다. 그리고 그 짧은 시간에 마음이 한결 편해졌다. 그런데 알고 보니 그런 음악이 의도적인 선곡과정을 거쳐 선정된 것이라고 했다. 그 시간대의 이용 승객들 마음 상태까지 고려한 것이란다. 그래서 아침 출근길에는 <라라의 테마>나 <엘리제를 위하여>, <당신은 나의 등불> 같은 곡으로 머리를 맑게 해주고, 낮 시간대는 <아드리느를 위한 발라드>, <가을의 속삭임>, <스팅> 등으로 스트레스 해소에 도움을 주고자 했다 한다. 퇴근 시간에는 피로를 풀어줄 비발디의 <사계>가 계절 따라 선곡되었고, 날씨가 우중충한 날이나 심야시간 대에는 <아다지오 클라리넷 협주곡>이나 <보케리니의 미뉴엣>, <터키 행진곡>, <아이네 클라이네 나하트 뮤직>, <피아노 소나타 월광> 등 심신 안정에 도움이 되는 음악을 내보냈다고 한다.

우리 민족은 끼가 있는 족속이다. 그래서 시로, 노래로, 춤으로 표현해 내길 좋아했다. 그런데 문명이란 이름으로 이런 끼들이 기계에 눌려버렸다. 자연히 발산하는 것보다 듣는 것 보는 것에 익숙해져 버렸다. 아니 그런 듣고 보는 것조차 너무 바빠 접하지 못하는 게 우리 일상이 되었다. 한데 이런 곳에서 음악을 접하니 나름의 행복감을 얻는다. 정말 우리 사는 곳들이 조금씩만 더 여유롭고 조용해졌으면 좋겠다. 정서가 살아나는 그래서 우리 마음 밭에도 음악, 미술, 문학의 싹이 나고 자라고 꽃이 피게 했으면 좋겠다.

전동차 한 칸쯤만 음악 감상이나 독서가 가능한 곳으로 만들어 보면 어떨까. 우리는 너무 많은 문명의 공해 속에서 취할 것을 취하지 못하는 것만 같다.

떠남과 헤어짐만큼 허망한 것도 없을 것 같다. 떠나는 사람은 떠나는 사람대로, 보내는 사람은 보내는 사람대로, 헤어짐의 안타까움이 마음을 가득 채워버린다. 그것도 잘 가라는 말조차 다 듣지 못한 채 떠나게 되고, 잘 있으라는 말조차 제대로 하지 못한 채 가고 마는 것이 헤어짐 아닌가.

기차를 기다리며

가만히 눈을 감고 그렇게 떠나고 보낸 사람들을 헤아려 본다. 내가 보낸 사람이 더 많을까, 내가 떠나온 사람이 더 많을까, 아니면 내가 보내지도 떠나오지도 않았건만 나도 모르게 어쩔 수 없이 그리 되어버린 것이 많을까.

오랜만에 기차를 타게 되었다. 대구로 문학 강좌를 하러가는 참이다. 가고 오는 시간을 계산해 보니 KTX를 이용하는 것이 그나마 가장 시간절약이 될 것 같아 표를 예매했다. 덕택에 역에 도착하니 시간이 꽤 많이 남는다. 모처럼 여유로운 시간을 잠시지만 갖게 된다.

나가는 사람들, 돌아오는 사람들, 사람들은 그렇게 정해진 입구와 출구를 이용하여 가고 오고 있었다.

문득 삶의 입구와 출구를 생각해 본다. 모든 살아있는 생명체는 온 길처럼 가기도 해야 한다. 먼저 왔어도 늦게 가는 수가 있고, 나중에 왔다가도 먼저 갈 수도 있다. 그걸 '삶의 길'이라 하겠지만 유한한 삶에서 그게 길면 얼마나 길고 짧으면 또 얼마나 짧겠는가. 그렇다면 지금 나는 어디만큼에 있는 것일까. 이젠 입구 쪽보단 출구 쪽일 텐데 얼마나 출구와 가까워져 있을까.

하지만 사람들은 출구는 생각도 안하려 한다. 마치 출구는 없는 것처럼 잊고 산다. 그러나 입구가 있으면 출구가 있기 마련이 아닌가.

기차를 기다리며 내 삶의 남은 길이를 가늠해 본다. 늘 정리를 하며 살아야 하는 게 인생이라는 것도 얼마나 출구 가까이 가 있을지를 모르기 때문이다.

그렇고 보면 기다리는 이 시간이야말로 가장 귀한 시간일 것 같다. 나를 추스르는 시간이요 내 존재를 점검해 보는 시간 아닌가. 기차를 기다리며 나를 점검해 본다.

자신감이라는 것

병실을 나오다가 나도 가슴에 손을 대 보았다.

뛰고 있는 심장의 고동, 얼마나 감사한 일인가.

입원해 있는 지인의 병실을 방문했다. 실패라고는 모르고 살아온 그는 늘 자신만만했고 무엇에든 긍정적이었다. 그에겐 어떤 어려움도 비켜가는 것처럼 보였다. 그가 하는 일은 정확했고, 한 번 아니라고 생각하면 조금도 흔들리지 않았다.

그런 그가 입원을 한 것이다. 암이란다. 다행히 조기 발견이어서 바로 수술을 받게 되었고, 결과도 대단히 좋았다. 그런데 병문안을 간 나에게 그는 뜻밖의 말을 했다. 자신은 병에 걸리지 않을 수 없을 만큼 너무나도 힘들었단다.

그는 부정적인 생각을 하는 것만으로도 자신이 계획한 일에 부정이라도 탈까봐 의식적으로 좋은 생각만을 했다 한다. 하려고 하는 일은 꼭 된다는 확신을 최면을 걸 듯 의도적으로 불어넣었다고 한다. 남들이 볼 때 그는 늘 자신감이 넘쳤고, 그에게 가면 어떤 일도 다 잘 된다는 행운의 사람이었다.

그가 내 손을 잡아 자신의 가슴에 갖다 대더니 눈물을 흘렸다. 수술이 끝나고 의식이 돌아왔을 때 지금 이

03

손을 자신의 가슴에 대고 심장이 뛰는 것을 확인하던 순간 그렇게 감격스러울 수가 없었단다.

'아 이런 것이 살아있음이구나. 그런데 나는 한 번도 내 심장이 뛰고 있다는 것에 감사해 보지 못했구나.' 그가 남들에게 보인 자신감은 사실은 극도의 불안함을 위장한 것이었다. 그는 그렇게 살아왔다고 했다. 수술을 받고 나자 비로소 자신이 얼마나 약한 존재인가, 누구보다도 나약한 자신임을 인정케 되더라는 것이다. 그의 손에 잡힌 내 손으로 느껴지는 그의 심장의 고동, 이제 그는 어떤 삶을 살게 될까.

모든 것은 고통을 치를 가치가 있다. 위기, 고통, 실망, 아픔, 그 모든 것, 완전한 행복을 알게 하기 위해서 그 모든 것이 존재하는 것이다.

—기 코르노의 ≪마음의 치유≫ 중

아픔이나 고통은 우리를 단련시키는 신의 은총일 수 있다. 생각을 바꿔주고,

참 가치를 알게 해 주고, 진정 귀한 것이 무엇인지를 깨닫게 해 준다.

병실을 나오다가 나도 가슴에 손을 대 보았다. 뛰고 있는 심장의 고동, 얼마나 감사한 일인가. 자신감이라는 것은 자신의 심장이 뛰는 소리를 얼마나 진지하게 듣고 느끼느냐에 따라 생겨나는 현상이 아닐까.

감성작가 최원현의 맑은 숨결 에세이
행복의 강

2008년 10월 15일 초판 인쇄
2008년 10월 20일 초판 발행

지은이 최원현 | 펴낸이 김은영 | 펴낸곳 북 나비
출판신고 2007년 11월 19일 제380-2007-00056호
주소 142-868 서울시 강북구 번일동 462-112번지 1층
전화팩스 (02)903-7404
이메일 booknavi@hanmail.net
출력 모노 | 인쇄 이산문화사 | 제본 삼화제본

ISBN 978-89-960449-7-0 03810
값 9,500원